T0208629

Gernot Saalmann
Soziologische Theorie

Centaurus Paper Apps

Gernot Saalmann

Soziologische Theorie

Grundformen im Überblick

Centaurus Verlag & Media UG

Bibliografische Informationen der Deutschen Nationalbibliothek
Die Deutsche Nationalbibliothek verzeichnet diese Publikation in der
Deutschen Nationalbibliografie; detaillierte bibliografische Daten sind
im Internet über http://dnb.d nb.de abrufbar.

Gedruckt auf säurefreiem und chlorfrei gebleichtem Papier.

ISBN 978-3-86226-209-0   ISBN 978-3-86226-900-6 (eBook)

DOI 10.1007/978-3-86226-900-6

ISSN 2195 0970

© *CENTAURUS Verlag & Media KG 2012*
www.centaurus verlag.de

Umschlaggestaltung: Jasmin Morgenthaler, Visuelle Kommunikation
Satz: Vorlage des Autors

Gesellschaft ist toll –
wenn nur all die Leute nich wär n.

Peter Licht
Das Ende der Beschwerde
CD Motor 2011

.

Auch wenn man manchmal so denken mag,
ist man andererseits oft froh, dass Menschen um einen sind.
Deshalb danke ich Dominik Haubner, Armin Ketterer,
Ulrike Ruh, Bertram Winkler und Boike Rehbein für
kritische Lektüre und Hinweise zur Verbesserung des Textes.

Inhalt

Vorwort

Der vorliegende Text basiert auf einer Einführungsvorlesung in die Soziologie. Bei einem solchen Vorhaben besteht die Herausforderung darin, Kriterien zu finden, nach denen man die kaum zu überblickende Vielfalt soziologischen Denkens so ordnen kann, dass die Studierenden einen guten *Einblick* in das Wesentliche erhalten und dennoch den *Überblick* behalten.

Nach intensiver Beschäftigung mit dem Thema bin ich zu der Überzeugung gelangt, dass man *alle* soziologischen Theorien *drei Grundrichtungen* zuordnen kann, die den drei logischen Möglichkeiten entsprechen, über das soziale Zusammenleben von Menschen nachzudenken: Objektivismus, Subjektivismus und Relationismus. Diese Einteilung wird in Kapitel 1 vorgestellt und an den Klassikern entwickelt. Darauf werden die drei Richtungen in den folgenden drei Kapiteln am Beispiel neuerer Theorien verdeutlicht. Dabei richtet sich die *Zuordnung* einer Theorie *nach den Hauptgedanken* der jeweiligen Theoretiker, selbst wenn diese in vielen Fällen auch Gedanken geäußert haben, die zu den anderen Theorierichtungen passen. Die einzelnen Theorien können in diesem Zusammenhang nur grob skizziert werden, weshalb dieser einführende Überblick *kein Ersatz* für umfangreichere Darstellungen der soziologischen Theoriegeschichte sein kann. Einige empfehlenswerte Werke werden im Literaturverzeichnis aufgeführt.

Zunächst jedoch wird in der Einleitung eine kurze Einführung in die Fragen der Soziologie und ihre Entstehungsgeschichte gegeben. Selbst wenn man mittlerweile zu Recht von einigen hochgesteckten Erwartungen bezüglich der Soziologie und ihrem gesellschaftlichen Nutzen Abstand genommen hat, kann man doch mit Zygmunt Bauman nach wie vor folgende Position vertreten:

"Der große Dienst, den die Soziologie dem menschlichen Leben und dem menschlichen Zusammenleben vorzüglich leisten kann, besteht in der Beförderung wechselseitigen Verständnisses und wechselseitiger Toleranz als ausschlaggebender Bedingung gemeinsamer Freiheit. Unweigerlich fördert soziologisches Denken das Verständnis, das Toleranz erzeugt, und die Toleranz, die eine Verständigung ermöglicht." (Bauman 2000: 318).

Einleitung:
Soziologie – was, warum und wie?

I. *Was* "ist" Soziologie?

Soziologie könnte man übersetzen mit "Gesellschaftslehre". Das zieht sofort die Frage nach sich, was denn Gesellschaft genau sei. Man könnte mit Hans P. Bahrdt antworten: "Unter einer Gesellschaft verstehen wir alle Geschehnisse, Prozesse und Strukturen insofern sie einen Zusammenhang von zeitlicher Kontinuität bilden, der direkt oder indirekt auf wechselseitigen, prinzipiell verstehbaren sozialen Handlungen beruht." (Bahrdt 1990: 182) Solche Wesens-Definitionen, die auf die Frage antworten, *was* etwas *ist*, sind jedoch meist von Präferenzen abhängig, wie ein Blick in das Buch von Jürgen Ritsert zeigt (Gesellschaft. Ein unergründlicher Grundbegriff der Soziologie. Frankfurt 2000). Stattdessen ist es einfacher, schlicht danach zu fragen, *was* Soziologen *tun*. Meine Antwort lautet:

"Soziologie will die *Eigenarten und Formen menschlichen Zusammenlebens wissenschaftlich* beschreiben, in ihrer *Dynamik* erklären und ihrer *Geschichte* rekonstruieren."[1]

Soziologen reklamieren für sich einen eigenen Gegenstand und eine besondere Vorgehensweise, wie Peter L. Berger schön beschreibt: "Der Gegenstand der Soziologie steckt in allen Arten und Weisen menschlichen Verhaltens. Aber nicht alle Aspekte menschlichen Verhaltens sind ihr Gegenstand. Gesellschaftliche Interaktion ist kein Ausschnitt von dem, was Menschen miteinander tun. Sie ist ein bestimmter Aspekt von allem, was sie tun. Man kann auch sagen: Der So-

11

ziologe nimmt eine besondere Art von Abstraktion vor. Das Gesellschaftliche als Gegenstand der Forschung ist kein isolierter Bereich menschlichen Handelns. Es ist vielmehr – um eine Anleihe bei der lutherischen Sakramentaltheologie zu machen – 'in, mit und inmitten' vieler verschiedener Bereiche menschlichen Handelns zugegen. Der Soziologe sieht keine Phänomene, die andere nicht auch sähen. Er sieht nur, was auch andere sehen, mit eigenen Augen." (Berger 1977: 38)

In der oben gegebenen Bestimmung dessen, was Soziologen tun, liegt der Kern in der Formulierung "menschliches Zusammenleben". Es geht mithin nicht um einzelne Menschen, sondern um mehrere. Ein Mensch kann zwar alleine überleben, aber wie das Beispiel von Robinson Crusoe zeigt, sehnt er sich doch nach anderen Menschen (Robinson bastelt sich zunächst einen Gefährten, den er anspricht und ist dann glücklich, als er Freitag hat). Aber schon seine Fähigkeit, unter widrigen Umständen überleben zu können, setzt voraus, dass er in Gesellschaft anderer Menschen aufgewachsen, erzogen und gebildet worden ist. Der Mensch alleine ist *nicht in Gesellschaft*, aber er trägt die *Gesellschaft in sich*. Soziologen bezeichnen dies als *Sozialisation* und eine gelungene und vollständige Sozialisation ist notwendig, um die Fähigkeit auszubilden, die Perspektive eines Anderen übernehmen zu können und eine eigene Identität zu entwerfen. Gleichzeitig resultiert aus dem engen Zusammenleben mit den Bezugspersonen wohl auch ein bleibendes Bedürfnis nach Intimität. All dies hat Mark Twain in einem "Tagebuch von Adam und Eva" ironisch erfasst: "Dieses neue Wesen mit den langen Haaren ist ziemlich im Weg. Es lungert immer irgendwo herum und rennt mir hinterher. Das gefällt mir nicht. Ich bin Gesellschaft nicht gewöhnt. Ich wünschte, es würde bei den anderen Tieren bleiben. [...] Wolken verhangener Tag heute, Wind aus östlicher Richtung, ich glaube, wir werden Regen haben ... *Wir*? Wo habe ich dieses Wort her? Jetzt fällt es mir ein – das neue Wesen hat es benutzt." Am Schluss aber schreibt derselbe Mensch an Evas Grab: "Wo immer sie war, *dort* war Eden." Adam (Twain 2011).

Der Mensch alleine *kann* über die beiden Grundfragen *menschlicher* Existenz nachdenken: "Wer bin ich? Was soll ich hier?", sobald er mit einem Anderen konfrontiert ist, stellen sich *notwendig* die Grundfragen *sozialer* Existenz: "Wer bist du? Was willst du (hier)?". Ergibt sich bei den ersten Fragen die Gefahr des Versinkens in endloser Grübelei, handelt es sich nun um das Problem der prinzipiellen Undurchschaubarkeit des Anderen. Man kann in seinen Kopf nicht hineinsehen und selbst wenn man ihn gut kennt, kann man von Unvorhergesehenem überrascht werden, hervorgerufen beispielsweise durch Gefühlsschwankungen. Die Beziehungen zwischen zwei Menschen können sehr unterschiedlich sein. Angefangen bei Geschlechts- und Altersunterschieden, über verschiedene Arten (wie Freundschaft oder Herrschaft) oder Episoden (Beratung, Streit) bis zu ihrer emotionalen Färbung durch Liebe, Hass, Verachtung, Gleichgültigkeit oder Neutralität. Sind drei und mehr Menschen beteiligt, spielt all das eine Rolle, aber die Vielfalt möglicher Beziehungen und ihrer Ausgestaltung steigt rapide an.

Menschen können also nicht nur denken und handeln, sondern sie müssen *sozial* handeln, indem sie sich am Denken und Handeln Anderer orientieren. "Orientieren" hat hier einen dreifachen Sinn als: "zum Vorbild nehmen", "darauf eingehen", "vorweg nehmen" und bezieht sich somit auf alle drei Zeitdimensionen des schon Gewesenen, des Gegenwärtigen und des Kommenden. Soziales Handeln ist daher das

Grundelement sozialen Zusammenlebens und damit auch der Gesellschaft. Dennoch gibt es hier *verschiedene Sichtweisen*: Manchen Soziologen scheint *Gesellschaft etwas Eigenständiges* zu sein, andere sagen, sie werde *durch soziales Handeln hergestellt*. Wieder andere meinen, sie sei *nie da*, sondern werde nur permanent *in sozialen Beziehungen gelebt*. Alles soziologische Denken lässt sich diesen drei Sichtweisen zuordnen, wie noch zu sehen sein wird. Zunächst stellt sich jedoch die Frage, wie sich überhaupt eine soziologische Sicht gebildet hat.

II. *Warum* gibt es Soziologie?

Ganz allgemein kann man sagen, dass Worte immer dann geprägt oder Fragen aufgeworfen werden, wenn etwas Neues auftritt oder sich Probleme ergeben, wenn also der selbstverständliche Lauf der Dinge unterbrochen wird. Das war im Europa der Zeit vom 17. bis 19. Jahrhundert ganz besonders der Fall:

1) die (Natur)*Wissenschaft* untergrub die Vorherrschaft des *religiösen Denkens*

2) Freiheitskämpfe und *Revolutionen* stellten die *soziale und politische Ordnung* in Frage

3) die *industrielle* Produktionsweise veränderte die *ökonomischen Verhältnisse* total.

Nachdem im gesamten Mittelalter die Religion alles beherrscht und gleichsam zementiert hatte, wurde diese *fest gefügte Welt* seit der Renaissance, Reformation und den Religionskriegen zunehmend erschüttert. Die Menschen entdeckten (wieder) die *Gestaltbarkeit der Welt*. Ein Bewusstsein dafür lässt sich ablesen im Denken der Aufklärung, der Staatsphilosophie und ökonomischen Theorie. Es stellte sich die neue Aufgabe, unbeeinflusst von der Religion Veränderungsprozesse zu beschreiben und zu erklären, sowie die Frage zu beantworten, wie und warum freie Menschen eine gesellschaftliche Ordnung schaffen und akzeptieren. Neben all den anderen Wissenschaften bildete sich speziell hierzu langsam die Soziologie heraus, indem sie sich von der allgemeinen Staatswissenschaft abgespalten hat. Diese Diversifizierung des Wissens wurde jedoch gleichzeitig wieder gebündelt in der *Idee des Fortschritts*. Sie nimmt das Ideal wissenschaftlicher *Rationalität* auf, behauptet die *stetige Verbesserung* der Welt durch den Menschen und kann so der Modernisierung einen *Sinn* verleihen. Damit wird die Idee des Fortschritts in Europa zum Hauptmythos der Moderne (s. Saalmann 2008).

Einige *Beispiele für den Bewusstseinswandel* und das neue Problembewusstsein sollen kurz genannt werden:

1) Der Philosoph *Immanuel Kant* (1724-1804) hat bei seinen erkenntnistheoretischen Überlegungen nicht mehr die (von Gott geschaffenen) Dinge der Welt in den Mittelpunkt gestellt, sondern den Menschen. Diese Neuorientierung verglich er mit der kopernikanischen Wende vom geozentrischen zum heliozentrischen Weltbild (KrV B XIV). Heinrich Heine nahm dieses Bild in einem ironischen Kommentar auf: "Früher lief die Vernunft, gleich einer Sonne, um die Erscheinungswelt herum und suchte sie zu beleuchten; Kant aber lässt die Vernunft, die Sonne, stillstehen, und die Erscheinungswelt dreht sich um sie herum und wird beleuchtet, je nachdem sie in den Bereich dieser Sonne kommt." (Heine 1834: 600) Kant argumentierte gegen den Empiris-

mus, man könne nicht zeigen, dass Erkenntnis objektiv sei, vielmehr müsse man von ihrer Subjektivität ausgehen. Anschauungsformen (Raum und Zeit) und Verstandeskategorien (grundlegende Begriffe) seien allgemein-menschliche *Apriori*, also *vor* jeglicher Erfahrung und diese erst ermöglichend.

2) *Jean-Jacques Rousseau* (1712-78) unterschied in seinem "Diskurs über den Ursprung der Ungleichheit unter den Menschen" von 1755 zunächst die physische Ungleichheit von der politischen und argumentierte dann, diese sei nicht etwa Gott gegeben oder auf die angeblich böse Natur des Menschen zurückzuführen, sondern allein auf menschliches Handeln in Vergangenheit und Gegenwart, habe also *soziale* Ursachen. Im Kontrast mit dem hypothetischen Konstrukt des *natürlichen Menschen* beschreibt Rousseau, wie der *"Mensch des Menschen"* sich selbst in die damalige Lage der bürgerlichen Gesellschaft gebracht habe. Zur Erklärung gibt er 1762 (wie viele andere Philosophen auch) einen "Gesellschaftsvertrag" an. Die freien Individuen verzichten freiwillig in einem Vertrag auf die natürliche Gleichheit und akzeptieren das Gesetz als höhere Form der Gleichheit. Die individuellen Willen werden gleichsam in den "Gemeinwillen" transformiert, der sich im Recht ausdrückt. Die Bindung an das Gesetz hat also auch eine befreiende Wirkung und schafft eine neuartige politische Verbindung der Menschen – später den Nationalstaat.

3) *Alexis de Tocqueville* (1805-59) reiste aus einem Frankreich, das schon lange viele Errungenschaften der Revolution wieder verloren hatte, durch Amerika und war fasziniert von den dortigen Verhältnissen. 1835 schrieb er ein großes Werk "Über die Demokratie in Amerika". Folgendes Zitat

zeigt, dass er trotz aller Begeisterung ein guter Beobachter gewesen ist:

"Es gibt Länder, in denen eine gleichsam außerhalb der Gesellschaft stehende Gewalt diese beherrscht und sie zwingt, eine bestimmte Richtung einzuschlagen.
Es gibt andere Länder, in denen die Macht so aufgeteilt ist, dass sie in der Gesellschaft verankert ist und zugleich sich über sie erhebt.
Ganz anders in den Vereinigten Staaten; hier haben wir Selbstverwaltung und Selbstherrschaft. Alle Gewalt geht vom Volke aus; man begegnet kaum einem Menschen, der den Gedanken wagen oder gar aussprechen würde, die Gewalt sei anderswo zu suchen. Durch die Wahl der gesetzgebenden Körperschaft nimmt das Volk an der Gesetzgebung, durch die Wahl der Beamten der ausführenden Gewalt an ihrer Ausführung teil; man kann sagen, dass das Volk sich wirklich selbst regiert, so gering und so begrenzt ist der Anteil der Verwaltung, so sehr ist die Verwaltung sich ihres Ursprungs aus dem Volk bewusst und gehorcht der Gewalt, in der sie wurzelt. Das Volk beherrscht die politische Welt Amerikas wie Gott das Universum. Das Volk ist Anfang und Ende aller Dinge; alles geht vom Volke aus, alles in ihm auf." (Tocqueville 1956, S. 43)

Tocqueville sieht hier klar die Unterschiede zwischen der absoluten Monarchie, der konstitutionellen Monarchie mit einer Gewaltenteilung und der vollständigen Demokratie. Die Sonderstellung Amerikas erklärt er folgendermaßen: "Das Schicksal der Amerikaner ist einmalig; sie haben von der englischen Aristokratie die Idee der individuellen Rechte und die Neigung für lokale Freiheiten übernommen: und sie konnten beides bewahren, weil sie keine Aristokratie zu bekämpfen hatten." (Mayer 1955: 58) Trotz allem Lob und aller Begeisterung findet sich bei Tocqueville auch eine Angst vor der *Masse* des Volkes, ein kulturkritischer Topos, der in der Folgezeit immer wieder auftritt.

4) Eine schonungslose Analyse der tief greifenden Veränderungen in Wirtschaft und Gesellschaft gaben **Karl Marx** (1818-83) und **Friedrich Engels** (1820-95) im "Manifest der Kommunistischen Partei" (1848):

> "[...] Der Austausch mit den Kolonien, die Vermehrung der Tauschmittel und der Waren überhaupt gaben dem Handel, der Schiffahrt, der Industrie einen nie gekannten Aufschwung und damit dem revolutionären Element in der zerfallenden feudalen Gesellschaft eine rasche Entwicklung.
> Die bisherige feudale oder zünftige Betriebsweise der Industrie reichte nicht mehr aus für den mit neuen Märkten anwachsenden Bedarf. Die Manufaktur trat an ihre Stelle. Die Zunftmeister wurden verdrängt durch den industriellen Mittelstand; die Teilung der Arbeit zwischen den Korporationen verschwand vor der Teilung der Arbeit in der einzelnen Werkstatt selbst.
> Aber immer wuchsen die Märkte, immer stieg der Bedarf. Auch die Manufaktur reichte nicht mehr aus. Da revolutionierte der Dampf und die Maschinerie die industrielle Produktion. An die Stelle der Manufaktur trat die moderne große Industrie, an die Stelle des industriellen Mittelstandes traten die industriellen Millionäre, die Chefs ganzer industrieller Armeen, die modernen Bourgeois.

Die große Industrie hat den Weltmarkt hergestellt, den die Entdeckung Amerikas vorbereitete. [...]"

Nach dieser Beschreibung der wirtschaftlichen Veränderungen schildern Marx und Engels die sozialen Folgen:

"Die Bourgeoisie, wo sie zur Herrschaft gekommen, hat alle feudalen, patriarchalischen, idyllischen Verhältnisse zerstört. Sie hat die buntscheckigen Feudalbande, die den Menschen an seinen natürlichen Vorgesetzten knüpften, unbarmherzig zerrissen und kein anderes Band zwischen Mensch und Mensch übriggelassen, als das nackte Interesse, als die gefühllose „bare Zahlung". Sie hat die heiligen Schauer der frommen Schwärmerei, der ritterlichen Begeisterung, der spießbürgerlichen Wehmut in dem eiskalten Wasser egoistischer Berechnung ertränkt. Sie hat die persönliche Würde in den Tauschwert aufgelöst und an die Stelle der zahllosen verbrieften und wohlerworbenen Freiheiten die *eine* Handelsfreiheit gesetzt. Sie hat, mit einem Wort, an die Stelle der mit religiösen und politischen Illusionen verhüllten Ausbeutung die offene, unverschämte, direkte, dürre Ausbeutung gesetzt. [...]
Die fortwährende Umwälzung der Produktion, die ununterbrochene Erschütterung aller gesellschaftlichen Zustände, die ewige Unsicherheit und Bewegung zeichnet die Bourgeoisepoche vor allen anderen aus. Alle festen eingerosteten Verhältnisse mit ihrem Gefolge von altehrwürdigen Vorstellungen und Anschauungen werden aufgelöst, alle neu gebildeten veralten, ehe sie verknöchern können. Alles Ständische und Stehende verdampft, alles Heilige wird entweiht, und die Menschen sind endlich gezwungen, ihre Lebensstellung, ihre ge-

genseitigen Beziehungen mit nüchternen Augen zu sehen. [...]
Was den Kommunismus auszeichnet, ist nicht die Abschaffung des Eigentums überhaupt, sondern die Abschaffung des bürgerlichen Eigentums. [...] Kapitalist sein, heißt nicht nur eine rein persönliche, sondern eine gesellschaftliche Stellung in der Produktion einnehmen. Das Kapital ist ein gemeinschaftliches Produkt und kann nur durch eine gemeinsame Tätigkeit vieler Mitglieder, ja in letzter Instanz nur durch die gemeinsame Tätigkeit aller Mitglieder der Gesellschaft in Bewegung gesetzt werden." (MEW 4: 463f.)

Obwohl Marx erkannte, dass Kapital in sozialen Verhältnissen wurzelt[2], konzentrierte er sich in seiner weiteren Arbeit auf die Ökonomie und entwickelte keine soziologische Beschreibungssprache oder Theorie. Trotzdem waren einzelne skizzenhafte Gedanken von ihm extrem einflussreich in der Sozialwissenschaft und der Menschheitsgeschichte.

5) Die Französische Revolution hatte die Frage nach dem Sinn politischer Ordnung aufgeworfen und die Wahrheit der Religion in Zweifel gezogen. Gleichzeitig führte sie die Möglichkeit radikalen Wandels vor Augen und rief das historische Denken auf den Plan, das Geschichte als die Bewegung aus der Vergangenheit über die Gegenwart in die Zukunft beschreiben und erklären sollte. Genauso machte die Revolution Soziologie notwendig, sofern Gottes Wille in der Gestaltung der Gesellschaft durch den des Menschen abgelöst worden war. Für diese beiden neuen Wissenschaften versprach die bisherige Wissenschaft brauchbare Methoden. So argumentierte denn *Auguste Comte* (1798-1857) gegen jegliche philosophische Spekulation, man solle vom Gegebenen

ausgehen und sich strikt an der Naturwissenschaft orientieren. Comte postulierte, die Menschheitsentwicklung habe sich in drei Stadien vollzogen und mit dem gegenwärtigen "positiven" ihren Höhepunkt erreicht. Die Krönung der Wissenschaft sei eine von ihm erstmals so benannte "Soziologie", die alle Methoden der anderen Wissenschaften umfasse und dazu noch die historische Betrachtungsweise setze.

Sich an den Idealen der Wissenschaft zu orientieren ist nicht falsch, aber Comte ging mit seiner Wissenschaftsgläubigkeit deutlich zu weit – wenn man sich nur an die Lehre Kants erinnert.

III. *Wie* geht Soziologie vor?

Die Auseinandersetzungen, *wie* Soziologie betrieben werden müsse, dauern bis heute an und teilweise stehen sich nach wie vor unversöhnliche Positionen gegenüber. Im Folgenden soll ein Minimalkonsens skizziert werden.

Wie jede Wissenschaft bildet die Soziologie eigene *Begriffe*, mit deren Hilfe sie *Theorien* entwirft. Beides basiert auf Beobachtung und Forschung, die mit verschiedenen *Methoden* durchgeführt werden können.

Begriffe: Die Wörter der Umgangssprache sind stets vieldeutig. Es geht bei der Begriffsbildung jedoch weniger um Eindeutigkeit, als vielmehr darum, den Bedeutungsreichtum bewusst zu machen, um so Beobachtungen und Argumente möglichst klar entwickeln zu können. Dabei muss man sich vor einigen Fehldeutungen hüten: "Niemals bedeutet ein Begriff etwas bloß deshalb, weil er etwas repräsentiert. Der Begriff 'Stuhl' erhält seine Bedeutung nicht dadurch, dass er eine direkte und zwangsläufige Verbindung zu einem Objekt hat, auf dem man üblicherweise sitzt [...], sondern der Stuhl ist Stuhl, weil er kein Sessel, Hocker oder auch Tisch,

Treppe, Mensch ist". (Claessens/Tyradellis 1997: 87) Die einen Begriff symbolisierenden Lautverbindungen (also das Wort) sind *willkürlich* und die Bedeutung des Begriffs ergibt sich nur *differenziell*, wie folgendes Zitat zeigt:

"Der Eindruck vermittelt uns die Materie des Gegenstandes, während der Begriff die Gesamtheit dessen in sich schließt, was das betreffende Ding in Beziehung zu den übrigen ist, also jene ganze Bereicherung, die ein Gegenstand erfährt, wenn er Teil eines Gefüges wird. Der Begriff enthält, was zwischen den Dingen ist. Zwischen den Dingen aber sind vor allem Grenzen." [...] "Verglichen mit dem Ding selbst, ist der Begriff nicht mehr als ein Schemen". [...] "Nun sind uns aber in einem Schema bloß die Grenzen der Dinge gegeben, die Aussparung, die für die Materie, die reale Substanz der Dinge, vorgesehen ist. Und diese Grenzen stellen nichts weiter als die Beziehungen dar, in denen das Objekt zu den anderen Objekten steht. Wenn wir aus einem Mosaik eins der Steinchen entfernen, so bleibt uns dessen Umriss in Gestalt einer Lücke erhalten, die von den benachbarten Steinchen umgrenzt wird. Genau so drückt sich im Begriff der ideelle Ort, die ideelle Aussparung aus, die dem einzelnen Ding innerhalb des Systems der Realität entspricht. Ohne den Begriff wüssten wir nicht, wo ein Ding beginnt und wo es endet; das heißt, die Dinge als bloße Eindrücke sind flüchtig, gleiten uns aus den Händen; wir besitzen sie nicht. Indem nun aber der Begriff die einen Dinge mit den anderen verbindet, hält er sie fest." [...] "Aufgabe und Wesen des Begriffes erschöpfen sich also darin, dass er nicht etwa ein weiteres Ding ist, sondern ein Organ, ein Werkzeug für die Aneignung

der Dinge." [...] "Sehen wird erst mit Hilfe des Begrei-
fens zu einem vollständigen Sehen."
(Ortega y Gasset 1959: 102f.)

Man kann etwas erkennen (begreifen), wenn man einen Begriff hat. Es gibt allerdings auch *vor-begriffliche, praktische Erkenntnis* (s. Kap. 4).

Theorien: Mit Begriffen alleine ist noch nicht viel gewonnen,
sie müssen noch in einen Zusammenhang gebracht werden,
um etwas zu beschreiben und/oder eine Erklärung zu formulieren. Eine Theorie ist ein möglichst kohärentes System
von Aussagen mit klaren Begriffen. In ihr wird ein nachvoll-
ziehbarer, möglichst lückenloser Argumentationsgang entwickelt, dessen Teilschritte kritisch geprüft werden können.
Eine soziologische Theorie ist "ein System von allgemeinen
Aussagen, das einen systematischen Bezug zu empirisch be-
obachtbaren sozialen Phänomenen aufweist und diese zu
erklären versucht" (Haller 2003: 35). Im besten Fall sind Theorien in der Lage, "als ähnlich wahrgenommene Abläufe
durch Abstraktionen möglichst ohne Informationsverlust
darzustellen" (Claessens/Tyradellis 1997: 91).

Methoden: Theorien gehen also im Idealfall von empirischen
"Daten" aus, die wiederum auf spezifischen Fragen und Er-
hebungsmethoden beruhen. Das können *quantitative Verfahren* sein, mit denen vorwiegend auf der Basis geschlossener
Fragen und Antwortskalen in großen Fallzahlen mathema-
tisch kodierbare Daten für statistische Berechnungen erho-
ben werden, oder *qualitative Verfahren*, bei denen umfangreiche Antworten auf offene Fragen mittels verschiedenster
Techniken mühsam ausgewertet werden. Dennoch gilt: "Statistische Daten allein sind keine Soziologie. Sie können So-

ziologie werden, wenn man sie soziologisch interpretiert und in einen theoretischen Zusammenhang bringt, der soziologisch ist." (Berger 1977: 21) In *jedem* Fall muss der Soziologe also *interpretieren*, was er von den Menschen über ihr soziales Leben erfährt und diese Interpretationen dann in mehr oder weniger umfangreiche Theorien integrieren oder diese korrigieren. Eine sozialwissenschaftliche Beschreibung ist nicht einfach die "protokollierende Versprachlichung von Beobachter-Wahrnehmungen" (Matthes 1985: 61), sondern die reflexiv zu haltende begriffliche Analyse bereits von den Akteuren sprachlich interpretierend konstruierter Wirklichkeit, die nur in der *Kommunikation zwischen* dem Forscher und dem Beforschten thematisiert und erarbeitet werden kann. Es geht somit immer um eine *doppelte* Auslegung der Wirklichkeit und wissenschaftliche *Begriffe* sind solche *zweiter Ordnung*, die sich von den Alltagsbegriffen erster Ordnung unterscheiden (auch wenn sie diese nicht vernachlässigen sollen). Die sozialwissenschaftliche Methode hat sich im Laufe der Zeit weg bewegt von einer objektivistischen und monologischen Sicht hin zu einer dialogischen. Soziologische Daten entstehen nur in der Auswertung und Interpretation des von den Menschen Gesagten oder Getanen. Sie sind nicht einfach als objektive Tatsachen vorzufinden.

Abschließend soll noch gesagt sein:
Gute Soziologie zeichnet sich nicht nur aus durch analytische Schärfe und gleichermaßen empirische wie theoretische Fundierung, sondern auch durch *historisches* Hintergrundwissen und Aufmerksamkeit auch für die *politische* und *menschliche* Dimension des jeweiligen Forschungsgegenstands, denn menschliche Verhältnisse sind historisch entstanden und bleiben stets wandelbar, und soziale Ungleichheit ist politisch bedingt oder gar gewollt.

KAPITEL 1

Die drei Grundrichtungen soziologischer Theorie

I. Die *Grundfrage* der Soziologie lautet:
Wie funktioniert eigentlich das soziale Leben genau?
Hierauf sind *logisch* exakt *drei Antworten* möglich:

1. Die *Gesellschaft* steuert und bestimmt, was jeder Einzelne tut.

2. Es kommt vornehmlich auf die *Individuen* und ihre Interessen an.

3. Ausschlag gebend ist die Art der *Beziehungen* zwischen den Individuen, sowie zwischen einzelnen Gruppen.

Diesen drei logischen Möglichkeiten folgen auch *alle* soziologischen Theorien. Daher lassen sich zunächst stark vereinfacht *zwei Extrempositionen* der Theorie kontrastieren, und zwar in verschiedener Hinsicht.[3] Den Theorien liegen bestimmte Annahmen über Art und Umfang der erreichbaren Erkenntnis zu Grunde, die auch den Erkenntnisgegenstand (also was als Seiendes angenommen wird) betreffen. Schließlich erklären sie menschliches Handeln als kleinstes Element sozialen Lebens mit unterschiedlichen methodischen Ansätzen und aus anderen Blickrichtungen, und sie bedienen sich verschiedener Verfahren, Erklärungen zu erarbeiten. Diese Unterschiede lassen sich in folgender Übersicht darstellen:

	Objektivismus	Subjektivismus
Erkenntnis-theoretisch	Wahre Erkenntnis objektiver *Realität* ist möglich	Erkenntnis ist eine subjektive *Konstruktion*
Ontologisch	Gesellschaft ist real vorhanden als "Wesen sui generis", funktionale Einheit oder System	Gesellschaft ist eine "imaginäre Institution", etwas, das sich allein *in* (rationalem) Handeln realisiert
Handlungs-erklärung		
- Ebene	Makro	Mikro
- Methode	methodologischer *Holismus*: Blick vom Ganzen aus, *Determination*	methodologischer *Individualismus*: Blick vom Einzelnen aus, *Intention*
- Verfahren	*kausal oder funktional*	*interpretativ*

Die *dritte Grundrichtung* vermeidet die starke Einseitigkeit und versucht eine *mittlere Position* einzunehmen:

	Relationismus
Erkenntnistheoretisch	Die Bewährung in der Praxis garantiert, dass Erkenntnis eine *realistische Konstruktion* ist
Ontologisch	Gesellschaft ist nur real, sofern sie *durch* Handeln ständig wieder realisiert wird
Handlungserklärung	
- Ebene	Meso
- Methode	methodologischer *Relationismus*: Blick auf die Beziehungen zwischen den Einzelnen und dem Einzelnen und dem Ganzen, *Formbestimmtheit, habituelle Disposition*
- Verfahren	*sozio-biographisch und sozio-historisch*

26

II. Die Entwicklung der drei Grundrichtungen bei den Klassikern

Die drei wichtigsten Klassiker der Soziologie haben versucht, einen eigenen *Gegenstand der Soziologie* zu bestimmen:
Durkheim meinte, in Analogie zu den Dingen der Realität gebe es *soziale Tatsachen*;
Weber betonte, dass sich die Methode der Geistes-/Sozialwissenschaften nicht aus besonderen Erkenntniszielen, sondern aus der Eigenart ihres Erkenntnisgegenstandes erkläre – nur im Bereich des Menschlichen gibt es *sinnhaftes Handeln*;
Simmel bestimmte in Abgrenzung zur Geschichte oder Psychologie die *Formen der Wechselwirkung zwischen Menschen* als spezifischen Gegenstand der Soziologie.
Das soll im Folgenden durch längere Textausschnitte belegt werden.

Émile Durkheim, Die Regeln der soziologischen Methode (1895). Frankfurt 1984.

"In Wahrheit gibt es in jeder Gesellschaft eine fest umgrenzte Gruppe von Erscheinungen, die sich deutlich von all denen unterscheiden, welche die übrigen Naturwissenschaften erforschen." [...] Es gibt "eine Klasse von Tatbeständen von sehr speziellem Charakter: sie bestehen in besonderen Arten des Handelns, Denkens und Fühlens, die außerhalb der Einzelnen stehen und mit zwingender Gewalt ausgestattet sind, kraft deren sie sich ihnen aufdrängen. Mit organischen Erscheinungen sind sie nicht zu verwechseln, denn sie bestehen aus Vorstellungen und Handlungen, ebenso wenig mit psychischen Erscheinungen, deren Existenz sich im Bewusstsein des Einzelnen erschöpft. Sie stellen also eine neue Gattung dar und man kann ihnen mit Recht die Bezeichnung 'sozial' vorbehalten." (S. 105f.)

Eindeutigstes Beispiel dieser sozialen Tatsachen sind Moralvorschriften: "Keine der Normen geht vollständig in den Anwendungen auf, die die Einzelnen von ihr machen, da sie ja vorhanden sein können, ohne wirklich angewendet zu werden." (110) "Ein soziales Phänomen ist an der äußerlich verbindlichen Macht zu erkennen, die es über die Einzelnen ausübt; und das Vorhandensein dieser Macht zeigt sich [...] durch das Dasein einer bestimmten Sanktion [...]". (111f.)
Ein Ding setzt einem Widerstand entgegen. Die sozialen Erscheinungen besitzen auch diese Eigentümlichkeit. "Weit davon entfernt, ein Erzeugnis unseres Willens zu sein, bestimmen sie ihn von außen her; sie bestehen gewissermaßen aus Gussformen, in die wir unsere Handlungen gießen müssen." (126)
"Zweifellos kann keine kollektive Erscheinung entstehen, wenn kein Einzelbewusstsein vorhanden ist; doch ist diese notwendige Bedingung allein nicht ausreichend. Die einzelnen Psychen müssen noch assoziiert, kombiniert und in einer bestimmten Art kombiniert sein; das soziale Leben resultiert also aus dieser Kombination und kann nur aus ihr erklärt werden." [...] "Jedes mal, wenn ein soziologischer Tatbestand unmittelbar durch einen psychologischen erklärt wird, kann man daher gewiss sein, dass die Erklärung falsch ist." (187)

Durkheim hatte dem organizistischen Gesellschaftsmodell entsprechend von einem "Kollektivbewusstsein" gesprochen, was berechtigten Anlass zu kritischen Bemerkungen gegeben hatte (Vorwurf der Verdinglichung des Sozialen). Gegen einige Fehldeutungen hat er sich in dem Vorwort zur zweiten Auflage 1901 zur Wehr gesetzt:

"Wir behaupten also keineswegs, dass die sozialen Phänomene materielle Dinge sind, sondern dass sie mit
dem gleichen Rechtstitel Gegenstände sind wie die materiellen Dinge, wenn auch solche anderer Art." (89)
"Tatbestände einer bestimmten Ordnung wie Dinge zu
behandeln, bedeutet nicht, sie in diese oder jene Kategorie des Seienden einzureihen; es bedeutet nur, dass man
ihnen gegenüber eine bestimmte geistige Haltung einnimmt." (90)

Soziale Phänomene werden nicht durch Zwang erklärt, sondern dies ist nur ein äußeres Kennzeichen. (97) Das Besondere des sozialen Zwanges besteht darin, dass er "dem Prestige entspringt, mit dem gewisse Vorstellungen bekleidet
sind". (99)
Konsequenterweise sprach Durkheim in der Folgezeit von
"kollektiven Vorstellungen", die von allen geteilt werden
und deren Verletzung zu kollektiven Sanktionen führt. Sie
werden also den Einzelnen vom Kollektiv aufgezwungen,
weshalb sie gleichsam "soziale Tatsachen" darstellen. Anders
gesagt, kann man "alle Glaubensvorstellungen und durch
die Gesellschaft festgesetzten Verhaltensweisen Institutionen
nennen; die Soziologie kann also definiert werden als die
Wissenschaft von den Institutionen, deren Entstehung und
Wirkungsart." (100)
In einer Anmerkung dazu gibt Durkheim auch dem *Individuum* seinen Raum: "Daraus, dass sich uns die sozialen
Glaubensvorstellungen und Verhaltensweisen von außen
aufdrängen, folgt nicht, dass wir sie passiv aufnehmen und
sie etwa keiner Modifikation unterzögen. Indem wir die kollektiven Institutionen erfassen, sie uns assimilieren, individualisieren wir sie und verleihen ihnen mehr oder minder
unsere persönliche Marke; [...]".

Max Weber, Über einige Kategorien der verstehenden Soziologie (1913). In: Weber, Soziologie, Universalgeschichtliche
Analysen, Politik. Stuttgart 1973, S. 97-150.

"Was nur menschlichem Verhalten eignet, sind Zusammenhänge und Regelmäßigkeiten, deren Ablauf *verständlich* deutbar ist. [...] Gleiches Sichverhalten kann
auf verschiedenartigen Konstellationen von Motiven beruhen, deren verständlich-evidenteste nicht immer auch
die wirklich im Spiel gewesene ist. [...] Das Höchstmaß
an 'Evidenz' besitzt die zweckrationale Deutung." (97)
Spezifisches Objekt der verstehenden Soziologie ist
Handeln, ein verständliches, durch "irgendeinen 'gemeinten' *(subjektiven) Sinn* spezifiziertes Sichverhalten
zu 'Objekten'". [...] "Das für die verstehende Soziologie
spezifisch wichtige Handeln nun ist im speziellen ein
Verhalten, welches 1. dem subjektiv gemeinten Sinn des
Handelnden nach auf das *Verhalten anderer* bezogen, 2.
durch diese seine sinnhafte Bezogenheit in seinem Verlauf *mitbestimmt* und also 3. aus diesem (subjektiv) gemeinten Sinn heraus verständlich *erklärbar* ist." (99)
"Das Zweckrationale als Idealtypus [dient dazu] die
Tragweite des Zweck*ir*rationalen abschätzen zu können". (99f.)
"Wogegen sich die Soziologie aber auflehnen würde,
wäre die Annahme: dass 'Verstehen' und kausales 'Erklären' *keine* Beziehung zueinander hätten, so richtig es
ist, dass sie durchaus am entgegengesetzten Pol des Ge-
schehens mit ihrer Arbeit beginnen [...]". (107)
Sinnhafte Deutungen sind zunächst nur Hypothesen
(108).

Im Anschluss an die Bestimmung von Gegenstand und Methode der Soziologie beschreibt Weber soziale Prozesse, die das erfassen, was auch Durkheim thematisiert hat:

"Bestandteil des Gemeinschaftshandelns bildet insbesondere dessen sinnhafte Orientierung an den Erwartungen eines bestimmten Verhaltens anderer und den danach für den Erfolg des eigenen Handelns (*subjektiv*) geschätzte Chancen". (112)
Gesellschaftshandeln ist "subjektiv sinnhaft an einer gesatzten Ordnung 'orientiert' [...]". (114)
Die empirische Geltung einer Ordnung besteht darin, dass die Handelnden sich im Durchschnitt daran orientieren. [...] Die Geltung einer Ordnung liegt also in der "Chance ihres 'Befolgtwerdens'". (116)
Statt auf einer Ordnung kann Gemeinschaftshandeln auch auf stillem Einverständnis der anderen in die Gültigkeit der gehegten Erwartungen des Handelnden beruhen. (130)
"Durch das 'Geltungs'-Einverständnis unterscheidet sich die 'Konvention' von der bloßen, auf irgendeiner 'Eingeübtheit' und gewohnten 'Eingestelltheit' beruhenden 'Sitte', wie durch das Fehlen des Zwangsapparats vom 'Recht' [...]". (134)
"Flüssig ist natürlich der Übergang vom Einverständnishandeln zum Gesellschaftshandeln, – welches ja lediglich den durch Satzung geordneten Spezialfall darstellt." (135).
"Einverständnishandeln ist nicht gleich 'Solidarität' [...]". (138)
"Im Ganzen ist, im Verlauf der für uns übersehbaren geschichtlichen Entwicklung, zwar nicht eindeutig ein 'Ersatz' von Einverständnishandeln durch Vergesellschaf-

tung, wohl aber eine immer weiter greifende zweckrationale Ordnung des Einverständnishandelns durch Satzung und insbesondere eine immer weitere Umwandlung von Verbänden in zweckrational geordnete Anstalten zu konstatieren." (147)
"Die empirische 'Geltung' *gerade* einer 'rationalen' Ordnung ruht dem Schwerpunkt nach ihrerseits wieder auf dem Einverständnis der Fügsamkeit in das Gewohnte, Eingelebte, Anerzogene, sich immer Wiederholende. Auf seine subjektive Struktur hin angesehen, hat das Verhalten oft sogar überwiegend den Typus eines mehr oder minder annähernd gleichmäßigen Massenhandelns ohne jede Sinnbezogenheit. Der Fortschritt der gesellschaftlichen Differenzierung und Rationalisierung bedeutet also [...] ein im ganzen immer weiteres Distanzieren der durch die rationalen Techniken und Ordnungen praktisch Betroffenen von deren rationaler Basis [...]". Rationalisierung bewirkt also "nicht eine Universalisierung des Wissens um die Bedingtheiten und Zusammenhänge des Gemeinschaftshandelns". (149f.) Deshalb ist Soziologie notwendig.

Besonders bekannt und oft zitiert ist Webers Bestimmung der Soziologie in Wirtschaft und Gesellschaft (1922). Tübingen 1972, S. 1:

"Soziologie [...] soll heißen: eine Wissenschaft, welche soziales Handeln deutend verstehen und dadurch in seinem Ablauf und seinen Wirkungen ursächlich erklären will."

(Zu den damit verbundenen Schwierigkeiten s. Saalmann 2005: 28.)

Georg Simmel, Soziologie der Über- und Unterordnung (1907). GA Bd. 8, 180-227.

"Als die Aufgabe der Soziologie verstehe ich die Beschreibung und historisch-psychologische Herleitung derjenigen Formen, in denen sich die Wechselwirkungen zwischen Menschen vollziehen. Diese Wechselwirkungen, die aus den verschiedensten Impulsen, an den verschiedensten Objekten, um der verschiedensten Zwecke willen entspringen, machen in ihrer Gesamtheit 'die Gesellschaft' sensu strictissimo und als eine Gestaltung menschlichen Daseins aus – im Unterschied gegen die andere Bedeutung des Begriffs, demgemäß die Gesellschaft in der Summe der in Wechselwirkung befindlichen Individuen, samt allen Inhalten und Interessen, die die Beziehungen zwischen diesen knüpfen, besteht. Jene einzelnen Inhalte, an denen sich die Formen der Wechselwirkung darstellen, sind die Gegenstände besonderer Wissenschaften: zu sozialen Tatsachen werden sie eben dadurch, dass sie sich in dieser bestimmten Form: in der Wechselwirkung von Menschen, verwirklichen. Den Gegenstand der Soziologie bilden also die Arten der verknüpfenden Wechselwirkung, in Abstraktion von ihren materiellen Inhalten. So bezeichnen wir als 'Kugel' einerseits einen materiellen Gegenstand, der in Kugelform gestaltet ist; andererseits diese bloße Form selbst, die die materielle Substanz eben zur 'Kugel' im ersteren Sinne macht und, in selbständiger, abstrakter Betrachtung, einen Gegenstand der geometrischen Untersuchung bildet. Entsprechend ist es Sinn der Soziologie, die Formen und Arten der Beziehung zwischen Menschen festzustellen, welche aus ganz verschiedenem

Inhalt, Material und Interessen [...] doch *formal analoge* Sozialgebilde gestalten." (180)

Soziologie. Untersuchungen über die Formen der Vergesellschaftung (1908a). GA Bd. 11.

"Wir wissen uns einerseits als *Produkte* der Gesellschaft [...], andererseits als ein *Glied* der Gesellschaft". (54f.)

Passend zum Problem des Robinson schreibt Simmel:

"Einsamkeit [...] meint keineswegs nur die Abwesenheit jeder Gesellschaft, sondern gerade ihr irgendwie vorgestelltes und dann erst verneintes Dasein. Ihren unzweideutig positiven Sinn enthält die Einsamkeit als Fernwirkung der Gesellschaft – sei es als Nachhallen vergangener oder Antizipation künftiger Beziehungen, sei es als Sehnsucht oder als gewollte Abwendung." (96)
"Je umfänglicher eine Gemeinschaft ist, desto leichter bildet sich einerseits eine objektive Einheit über den einzelnen, und desto unintimer wird sie andererseits". (106)

Simmel sieht also durchaus, was Durkheim beschäftigt hat.

Beitrag zur Enquête: Die Zukunft der Soziologie (1908b). GA Bd. 17, S. 70-72.

"Weder Hunger noch Liebe, weder Habgier noch Arbeit, weder Religion noch Technik *sind* an und für sich etwas Soziales; sie *werden* es, indem sie – als Ursachen oder als Zwecke – die Individuen zu Wechselwirkungen miteinander veranlassen. Das ist natürlich nicht im Sinne eines zeitlichen Nacheinander gemeint; vielmehr, in der Wirk-

lichkeit verlaufen die Wechselwirkungen der Menschen
– d. h. ihre Vergesellschaftungen – immer nur um derartiger Triebe und Absichten willen; die bestehende Gesellschaft lebt in der Einheit der gesellschaftsbildenden Wechselwirkungsformen und der Inhalte – ökonomischer oder erotischer, religiöser oder intellektueller, eudämonistischer oder sachlicher Art –, die sich in den sozialen Formen von Über- und Unterordnung, von Konkurrenz und Kooperation, von Parteibildung und Hierarchie, von Abschluss und Anschluss und unzähligen anderen realisieren. [...] Soll die Soziologie also etwas anderes sein als ein unklares Durcheinander von Untersuchungen, die bereits hinlänglich in anderen Wissenschaften geführt werden, so muss sie sich zu der konkreten historischen Gesellschaft in derselben abstrakten Weise verhalten, wie – unter Vorbehalt aller sonstigen Verschiedenheiten – die Geometrie sich zu den sinnlich gegebenen Raumgestaltungen verhält. Diese abstrahiert von dem Räumlichen den Raum als solchen und sucht dessen Formen und Gesetze auf und ist nicht weniger darum gültig, weil ihre Objekte nie in der Erfahrung rein gegeben sind. So hat die Soziologie aufzusuchen, was an den realen Vergesellschaftungen wirklich rein 'Gesellschaft' ist, die Arten der Vergesellschaftungen, die aus der Summe von Individuen Gesellschaft machen."

Soziologie der Geselligkeit (1911). GA Bd. 12, S. 177-93.
Gesellschaft ist eine Realität im doppelten Sinne:

"Einmal die Individuen in ihrer unmittelbaren sinnlichen Existenz, die Träger der Vergesellschaftungsprozesse, die durch diese zu der höheren Einheit, die man 'eine Gesellschaft' nennt, zusammengeschlossen werden. Und dann: die Interessen, die, in den Individuen lebendig, solchen Zusammenschluss motivieren [...] Um solchen Trieben zu genügen, solche Zwecke zu erreichen, erwachsen die unübersehbar mannigfaltigen Formen des sozialen Lebens, all das Miteinander, Füreinander, Ineinander, Gegeneinander, Durcheinander." (177)

III. Die Textausschnitte zeigen recht deutlich, dass schon die Klassiker der Soziologie die drei möglichen Theorierichtungen entworfen haben:

Nach Durkheim macht die Gesellschaft die Individuen, während bei Weber die Individuen die Gesellschaft machen. Simmel dagegen sieht, dass permanente Prozesse der Vergesellschaftung aus den Individuen die Gesellschaft machen.

Darüber hinaus skizzierten bereits die Klassiker drei verschiedene *Modelle* des gesellschaftlichen Lebens, die auch heute noch aktuell sind (zu ihrem Zusammenhang mit verschiedenen Menschenbildern s. Saalmann 2009b):

Organismus (System)
Die Erhaltung der Gesellschaft steht im Mittelpunkt des menschlichen Lebens und daher steht wie in einem großen Organismus genau fest, welcher Teil welche *Funktionen* erfüllt.
Leitthema: *Ordnung* (und *Solidarität* im Sinne von Zusammenhang und Zusammenhalt) trotz Differenzierung

Markt
Die freien Individuen spielen die Hauptrolle. Jeder Mensch hat (von seinem Lebensumfeld und seiner individuellen Biographie her bestimmt) spezifische *Interessen*, die er in der

Welt und mit den Anderen zu verwirklichen sucht. Dazu nimmt er jede *Chance* wahr – in Ausnutzung und Umgestaltung der Welt, wobei er sich mit den Anderen koordiniert, mit ihnen kooperiert oder Zwang auf sie ausübt.

Leitthema: *Rationalisierung* mit all ihren ambivalenten Folgen

Netz

Die Beeinflussung des Individuums durch die Anderen und die Welt lässt sich nur erfassen, wenn man die *Struktur* ihrer *Beziehungen* berücksichtigt. Die Einbindung in ein Netz von Beziehungen hat sich allerdings im Laufe der Menschheitsgeschichte stark verändert, was die *Dichte, Reichweite und Intensität der Verknüpfungen* betrifft. Menschen finden sich in immer größere und unterschiedlich dicht geknüpfte Netze eingebunden, aber die meisten dieser Bindungen sind eher lose und verpflichten moralisch zu viel weniger als in den früheren lokalen Netzen.

Leitthema: *Individualisierung* trotz (globaler) Vernetzung

Die seit Jahrhunderten festzustellende Fixierung im sozialen Denken auf den Gegensatz von sozialer Ordnung bzw. einer übermächtigen Gesellschaft und den freien, handlungsmächtigen Individuen hat lange Zeit den relationalen Ansatz in den Hintergrund gedrängt. Erst mit der breiten Rezeption der Schriften von Pierre Bourdieu und der Netzwerktheorien sind die Chancen gestiegen, wahrzunehmen, dass der Relationismus eine legitime und überaus leistungsfähige Perspektive soziologischer Theorie darstellt (s. Kapitel 4). Zunächst jedoch werden die beiden anderen Perspektiven an Beispielen aus der jüngeren Theoriegeschichte erläutert.

KAPITEL 2

Objektivismus

Hegel (1770-1831) hatte die sich gleich bleibende, "natürliche" Vernunft, von der die Aufklärung ausgegangen war, historisiert. Nun kam es nicht mehr darauf an, ihre ewigen Gesetze und Erscheinungsformen zu entdecken, sondern den *Ideen* in ihrem Entwicklungsgang zu folgen und *objektiv* die Schritte und Stufen ihrer Fortentwicklung zu registrieren, die noch dazu einer einsehbaren *Dialektik* folgte. Genau der gleiche Grundgedanke fand sich noch bei **Marx**, nun allerdings bezogen auf die *Materie*. Die Menschen sind in beiden Fällen jedoch vorwiegend Getriebene der *objektiven Geschichte*. (So schreiben Marx und Engels 1848, die Bourgeoisie sei "willenloser und widerstandsloser Träger" des Fortschritts der Industrie; MEW 4: 473.)

I. Im *Strukturalismus* von **Claude Lévi-Strauss** (1908-2009) fand sich zwar eine Rückkehr zu a-historischen, *objektiven Strukturen*, aber auch sie bestimmen Denken und Handeln der Menschen, bzw. dieses ist bedeutungslos angesichts ewiger Strukturprinzipien und -gesetze.

Erst wenn die Strukturen historisiert werden, wie im Genetischen Strukturalismus (Jean Piaget, Lucien Goldman, Pierre Bourdieu), kann man die Mitwirkung der Akteure in die Sozialtheorie aufnehmen.

Andere Möglichkeiten, sich vom starren Strukturalismus zu lösen, bestanden in der Betonung des Einzel*ereignisses* (der Umsetzung der Strukturen), was zu den oft sehr subjektivistischen Theorien der *Postmoderne* geführt hat, oder in einem Schritt weg vom Objektivismus in Richtung des Relationismus (s. Michel Foucaults (1926-84) Diskursbegriff oder Bruno Latours (*1947) Akteur-Netzwerk-Theorie).

II. Eine weitere Form des Objektivismus ist der *Funktionalismus* in all seinen Varianten. Frühe Formen fanden sich bereits bei Herbert Spencer (1820-1903) und Durkheim. Als eigenständige Theorierichtung wurde er dann von den Anthropologen **Bronislaw Malinowski** (1884-1942) und Alfred R. Radcliffe-Brown (1881-1955) formuliert. Malinowski sah wohl die Gefahr in Durkheims Ansatz, die Gesellschaft zu einem Objekt zu hypostasieren, bemängelte aber an den Vorschlägen, Handeln durch Motive zu verstehen, dass man dabei von der eigenen Erfahrung ausgeht (Malinowski 1944: 104f). Stattdessen schien es ihm wissenschaftlicher, von den organischen Bedürfnissen des Menschen auszugehen: "Wir müssen unsere Theorie der Kultur auf der Tatsache aufbauen, dass jeder Mensch zu einer tierischen Gattung gehört." (S. 109) Das besondere des Menschen besteht darin, dass er organische Bedürfnisse im Rahmen kultureller Institutionen befriedigt (S. 129, 141).[4] Sie sind quasi zwischen Trieb und Befriedigung geschaltet (S. 165). Einzelne Handlungen werden so durch *Zweckursachen* erklärt.

Da aber eine Funktion immer auf verschiedene Weisen erfüllt werden kann, bleibt die je besondere Ausgestaltung, die das Spezifikum einer Kultur ausmacht, letztlich unerklärt. Zudem gibt es im Verborgenen wirkende, latente Funktionen, die mit den leichter sichtbaren, manifesten Funktionen nicht identisch sind (worauf besonders Robert K. Merton (1910-2003) hingewiesen hat).

III. Eine andere Version des Objektivismus, die gleichfalls das Spezifische des Menschen, sich *entscheiden* zu können, nicht genügend berücksichtigt hat, war die *Verhaltens- oder Lerntheorie* von **Burrhus F. Skinner** (1904-90) und *George C. Homans* (1910-89). Eng orientiert an naturwissenschaftlichen Verfahren, wird hier beobachtbares Verhalten kausal erklärt (also durch *Wirkursachen*). Ähnlich wie bei Tieren, gibt es auch im menschlichen Leben Situationen, die als Reize (*Stimulus*) wirken und bestimmte Reaktionen (*Response*) auslösen. Lernen wird begriffen als ein *Konditionieren* durch Belohnung dazu, so oder so auf etwas zu reagieren. Eine solch simple Theorie des Lernens auch für den Menschen kann mit Recht kritisiert werden (Holzkamp 1993).

Besteht beim Strukturalismus die Gefahr einer *Reduktion auf Logik*, ist es beim Funktionalismus die *auf Biologie* und beim Behaviorismus die *auf Psychologie*.[5]
Man könnte zwar die Entscheidung für eine Handlung als ihre *Ursache* ansehen, müsste das Zustandekommen der Entscheidung aber nach wie vor erklären, um die Handlung zu verstehen (so auch Greve 1994: 22).

IV. Zur gleichen Zeit, in der diese Theorien ihren größten Einfluss in der Sozialwissenschaft hatten, gab es Weiterentwicklungen der Normtheorie Durkheims. Im deutschsprachigen Raum war **Heinrich Popitz** (1925-2002) sehr bedeutend mit seinem Werk "Die normative Konstruktion von Gesellschaft" (Tübingen 1980).
Eine Gesellschaft ist jede Gruppe, die nach außen zu einem gewissen Grad abgeschlossen ist und deren Mitglieder in verschiedenen Formen wechselseitig voneinander abhängig sind. Sie müssen also miteinander umgehen und orientieren ihr Verhalten aneinander. Hierbei spielen Regelmäßigkeiten eine wichtige Rolle, weil sie Verhalten *erwartbar* machen. *Ver-*

haltensregelmäßigkeiten sind entweder 1.) individuell (*Gewohn-heiten*) oder 2.) sozial.

Soziale Regelmäßigkeiten können 1.) nicht normiert sein (*Bräuche*: ihre Einhaltung bringt Anerkennung, aber es gibt keine verbindliche Erwartung und daher keine Sanktion bei Nichtbeachtung) oder 2.) normiert (echte *Normen*).

Je nachdem wie explizit Normen formuliert sind, handelt es sich um 1.) *Sitten* oder 2.) *Rechtsnormen* (Popitz 1980: 34).

Die Meisten handeln in der Regel normkonform, aber auch nicht jedes abweichende Verhalten (ein Bruch der Norm) wird sanktioniert.

Sanktionen können durch die direkt Betroffenen, die Öffentlichkeit der Gruppe, eine Norminstanz oder die Normbrecher selbst erfolgen (S. 57). Es gibt auch *Sanktionsnormen*, die nicht nur festlegen, *wer* etwas tun (die Sanktion ausführen) darf oder soll, sondern auch *wie* (die Verfahrensweise) und *was* (Schärfe und Art der Sanktion; S. 86). Sowohl die Norm als auch die Sanktion ist somit sanktioniert. Darüber hinaus gilt: "Ein Normensystem kann nicht aufrechterhalten werden, wenn es nicht recht oder schlecht gelingt, im Fall des Normbruchs auch die Sanktionsleistung zu normieren." (S. 64)

Normen haben spezifische Funktionen: Sie sind *Situationen übergreifend*, da sie die Vergangenheit (aus der sie ihren Sinn beziehen) mit der Gegenwart (in der die Regulierung stattfindet) und Zukunft (auf die sich die Erwartung richtet) verknüpfen. Sie legen *typisches Verhalten* fest. Das *entlastet* die Einzelnen davon, in jeder Situation selbst eine vollständige Orientierung neu auszubilden.

Julius Morel bestimmte gar als "Basisparadigma der Soziologie", sie wolle "Verhaltensgleichförmigkeiten im Zusammenleben von Menschen durch zwischenmenschlich geltende, soziale Normen erklären" (Morel 1997: 292).

Einer normativen Theorie der Gesellschaft stellt sich jedoch das Problem, den Gesamtzusammenhang zu erklären, wenn jeder Mensch in einer Vielzahl sozialer Kreise lebt, die spezifische Normen haben. Die "Strukturen, die Mitglieder mit normativ ungleichartigem Status in Beziehung setzen" (Popitz 1980: 91) müssen mit anderen Theorien erklärt werden.

V. Hier könnte die struktur-funktionalistische Systemtheorie von *Talcott Parsons* (1902-79) weiterhelfen. Parsons hat versucht, die Ansätze von Durkheim und Weber zu einer *Theorie des Handlungssystems* zu verbinden. Während anfangs ein von ihm so benannter "Voluntarismus" im Vordergrund stand (willentliche Entscheidungen statt eines Determinismus durch Ideen oder materielle Gegebenheiten), wurde dieser in der späteren Phase seiner Arbeit von einer ausgeprägten Systemdetermination abgelöst. Parsons beschrieb vier Teilsysteme mit unterschiedlichen Funktionen (F), die in ihrem Zusammenspiel das Handlungssystem hervorbringen. (Schaubild nächste Seite)

Grundanlage der Systemtheorie von Parsons

Kultur (Werte)
F: **L**atent pattern maintenance

Identifikation
Internalisierung

Person (Motive)   Institutionalisierung
F: **G**oal attainment   Legitimierung

Sozialisation
Erwartungen

Gesellschaft (Normen)
F: **I**ntegration

Dazu kommt als viertes System noch der biologische *Organismus*, der aus dieser zweidimensionalen Figur eines Dreiecks die dreidimensionale einer Pyramide macht. Funktion des Organismus ist die Anpassung (**A**daptation). Alle Funktionen ergeben das Analyse-Raster **AGIL**, mit dem man verschiedene Zusammenhänge durch mustern kann, was allerdings sehr schematisch wird.

Parsons modellierte 1951 das soziale System als kybernetisches Kontrollsystem, das (unter Zuhilfenahme des Kultursystems) individuelles Verhalten als sinnhaftes Handeln ermöglicht, dabei jedoch sich selbst im Regelfall stabilisiert, indem ein Äquilibrium zwischen den Teilsystemen und ihren Funktionen aufrecht erhalten wird.

Jeder individuelle Akteur (Ego), der mit einer Situation konfrontiert ist, die jeweils aus materiellen Gegebenheiten und anderen Akteuren (Alter) besteht, entwickelt eine kognitive und evaluative Einschätzung der Situation. Dazu benutzt er sein Wissen, die internalisierten Werte und die Symbole des Ausdrucks. Bei jeder Interaktion entwickeln die Akteure darüber hinaus eine Ko-Orientierung aneinander und halten das soziale System aufrecht, indem sie Normen und Rollen nach Maßgabe der Situation erfüllen (1951: 5; kritisch dazu Wrong 1961).

Auf diese Weise erklärt sich nach Parsons Handeln:

Persönlichkeit	Internalisierung	**Kultur**
Ego	Externalisierung	(Werte, expressive Symbole, Wissen)

Orientierung

Ko-Orientierung   SITUATION
in der Interaktion

Orientierung

Soziales System *Alter*   **Natur**

Parsons hatte auch den Begriff der *Rolle* aufgenommen, der sich ähnlich im dramatologischen Ansatz der Literaturwissenschaft (Kenneth Burke) und in der Anthropologie (Victor

Turner) findet und besonders von Erving Goffman (1959/ 1983) popularisiert worden ist.

Bei dem Versuch, menschliches soziales Handeln zu verstehen, wurde bald klar, dass man es nicht nur als relativ starres Erfüllen von normativen Erwartungen sehen kann, sondern dass immer (mal engere, mal weitere) Gestaltungsspielräume existieren. Dies wurde in den Gesellschaftstheorien der 1960er Jahre mit dem Konzept der sozialen Rolle erfasst. "Der Terminus Rolle lenkte den Blick auf Gleichförmigkeiten des Handelns, jedoch so, dass dabei immer ein Individuum mitzudenken war, das zu diesen Gleichförmigkeiten Stellung nehmen konnte [...]" (Furth 1991: 221). So wie im Theater die Schauspieler, spielen auch die Akteure im Sozialleben Rollen – mal als Vater, mal als Arbeitnehmer, mal als Vereinskollege etc. Das Rollenkonzept lässt sich dabei auf zwei Arten lesen – eher objektivistisch oder eher subjektivistisch. Einerseits engen Rollen ein, geben Handlungssicherheit und entlasten davon, eigene Handlungsmuster auszubilden (Funktionserfüllung). Andererseits müssen Normen und Rollen immer interpretiert werden (individuelle Motive). Man kann hin und her gerissen sein zwischen den Erwartungen der Anderen und eigenen Zielen (*role taking* vs. *role making*). Anders gesagt, ist das der Zwiespalt zwischen *Sollen* und *Wollen*. Noch nicht thematisiert ist dabei das *Können*. Handlungskompetenz erfordert das Vermögen, über die Situation hinaus denken zu können, die Vorstellung, etwas in der Welt bewirken zu können, ein Vertrauen in die eigenen Fähigkeiten und die Fähigkeit, Verantwortung für Handlungen zurechnen zu können. Das geht ersichtlich weit über ein Bild des Menschen als Rollenspieler hinaus. Viele Anhänger des Strukturfunktionalismus hatten letztlich eine "Vorstellung der prästabilisierten Harmonie komplementärer Erwartungen oder Normenbündel, die das Geflecht von Rollen

konstituieren, dem das Individuum sich anzupassen hat"
(Falk/Steinert 1973: 27). Bei keiner Rolle jedoch ist das konkrete Verhalten genau vorbestimmt, denn es kommt ent-
scheidend darauf an, wie man die Situation definiert und
wie man sie zu bewältigen sucht (28). Eine "reflexive Soziologie" beschäftigt sich daher mit den Prozessen in der sozial
konstruierten Wirklichkeit, in denen die allgemeinen Funktionen permanent ausdifferenziert und mit spezifischen Be-
deutungen versehen werden. Besonders erklärungsbedürftig
ist dann, wie der Anschein von Stabilität, Ordnung, Einheit
und Selbstverständlichkeit entsteht (20f.).

Obwohl Parsons ja unter anderem an Weber anknüpfte, fand
bei ihm die von jenem in den Mittelpunkt der Soziologie ge-
stellte Frage nach dem subjektiven Sinn sozialen Handelns
kaum Beachtung. Wenn der Gegenstandsbereich der Sozial-
und Kulturwissenschaften durch die Akteure symbolisch
vorstrukturiert und sprachlich verfasst ist, ist er in dieser
"seiner Textförmigkeit nur durch sinnverstehende Methoden
zu erschließen" (Radtke 1985: 321). Dabei wird Sinn *nicht
festgestellt*, sondern als Hypothese *nur unterstellt* und muss
sich dann bewähren. Das eröffnet einen unabschließbaren
Auslegungsprozess, der sowohl das Alltagsleben, wie auch
die Wissenschaften kennzeichnet. Man spricht von doppel-
ter Hermeneutik, da *Interpretationen interpretiert* werden
müssen. Wissenschaftler entwickeln Begriffe 2. Ordnung zur
Analyse der mit Begriffen 1. Ordnung beschriebenen und
interpretierten Wirklichkeit.

VI. Obwohl dies für subjektivistische Theorien zu sprechen
scheint, entwickelte **Niklas Luhmann** (1927-98) im Anschluss
an Parsons eine noch abstraktere Systemtheorie, wobei er
die Figur eines *Beobachters von Beobachtern* aufnahm. In sei-

46

ner Theorie stellte er vom Handeln als Grundbegriff um auf Kommunikation (zwischen den Einzelsystemen). Sinn ist dann nichts anderes als eine *Selbstbeschreibung* von Systemen, die sich nicht nur selbst organisieren, sondern auch *selbstreferenziell* sind. Diese Beschreibung kommt mittels der Grundunterscheidung zwischen dem System und seiner Umwelt zu Stande. Daher meinte Luhmann Systemprozesse in Kommunikationsakte zerlegen zu können, statt die Gesellschaft aus Handlungen aufgebaut zu denken. In kompliziertem Soziologendeutsch formuliert: "Luhmann sieht die Dynamik der modernen Gesellschaft primär als Ko-Evolution strukturell gekoppelter Teilsysteme auf der Basis der jeweils binär codierten, selbstreferenziell geschlossenen Kommunikationszusammenhänge." (Schimank 2007: 131)

Ohne Kommunikation an Akteure zu koppeln, entsteht Sinn jeweils in einer Operation selektiver Aktualisierung vor einem Möglichkeitshorizont. Es soll also eine Auswahl stattfinden, ohne dass jemand auswählt. Die Theorie kann durchaus einige interessante Einsichten vermitteln, ist jedoch insgesamt sehr schematisch und hat keinen Platz mehr für die Menschen und ihre Alltagspraxis. Auch das Konzept der *Interaktionssysteme* bietet da kaum Abhilfe (dazu: Krause 2005: 35, 166f). Letztlich sind selbst die einzelnen Organismen/ Menschen schon Systeme, die wiederum selbstreferenziell abgeschlossene Gehirne/Bewusstseinssysteme besitzen. Das verführte Luhmann dazu, sich der erkenntnistheoretischen Position des *Radikalen Konstruktivismus* anzuschließen, für die aber keine plausiblen Argumente sprechen (s. Saalmann 2005: 178f; Saalmann 2007a, b). In Luhmanns Theorie stellen sich objektive Systeme in "subjektiven", sinnhaften Prozessen selbst her. Das genaue Verhältnis von Strukturen (der Anordnung von Elementen) und Semantiken (der Selbstbeobachtung und der Interpretation von Kommunikationsbeiträgen) bleibt jedoch ungeklärt. Wenn man denkt, dass Strukturen entstehen und fortbestehen, weil und sofern sie in semantischen Akten *und Handlungen* selbstverständlich in Anspruch genommen und gebraucht werden, landet man bei Pierre Bourdieus Theorie der dialektischen Fortbewegung von Strukturen durch die Zeit (s. Kap. 4).

Kritisch schreibt Hartmut Esser zu Luhmann, durch eine "kunstvolle Architektur von Leitdifferenzen" [... werde] "suggeriert, als könne die sprachliche Etikettierung und typologische Sortierung von Phänomenen schon irgendeine erklärende Leistung vollbringen" (Esser 1993: 58).

Etwas sophistisch könnte man auch darauf verweisen, dass das ganze Unternehmen Luhmanns *widersprüchlich* ist: Ein beobachtendes Subjekt (Luhmann) konstruiert sich ganz formal und schematisch eine Theorie objektiver Systeme, die eigentlich nach *ihrer* eigenen Logik verfahren sollen, und nicht etwa nach der von Luhmann in sie hinein gelegten. Das Paradox verschwände nur dann, wenn man glaubt, dass sich in der Gesellschaftstheorie (als Systemtheorie) die Gesellschaft selbst beobachtet und akzeptiert, dass Luhmann die Gesellschaft repräsentiert/ist (bzw. bis zu seinem Tode war). Das erinnert sehr an die Selbstüberschätzung Hegels, der in seiner Theorie den (Welt)Geist zur Erkenntnis seiner selbst kommen sah.

KAPITEL 3

Subjektivismus

Wenn man wirklich die Anwendung von Regeln, die Interpretation von Werten, den Einsatz von Wissen und die emotionale Beteiligung genauer verstehen will, scheint man kaum um eine genaue Analyse der Motive und Interessen der Akteure herum zu kommen. *Subjektivistische* Ansätze versuchen dies, indem sie den Einzelnen als "Ich" (Sozialphänomenologen wie Alfred Schütz (1899-1959) und Thomas Luckmann, *1927) und/oder sein rationales Nutzenkalkül (Max Weber, Rational Choice Theorien) ins Zentrum der Betrachtung stellen.

I. Die soziologische *Phänomenologie* versucht vor allem aufzuklären, wie sich die Welt und Weltsicht ausbildet, die Einzelne haben, bzw. mit Anderen teilen. Die Sozialphänomenologie beruht auf der Annahme, "dass alle gesellschaftlich konstruierte Wirklichkeit aufruht auf der subjektiven Orientierung *in* der Welt und dem sinnhaften Aufbau der *sozialen* Welt" (Hitzler 1999: 474). Das bedeutet ein Abrücken vom "pseudo-objektiven *Über-Blick* (nicht nur) der konventionellen Soziologie – über die Köpfe der Akteure hinweg – und hin zum mühevollen *Durch-Blick* sozusagen durch die 'Augen' der Akteure hindurch [...]" (475). Von besonderem Interesse ist daher das Verhältnis der im Hintergrund stehenden *Lebenswelt* und ihrer individuellen Aneignung – interpretierend und handelnd. Das "Subjekt konstruiert seine Welt", [macht dabei aber] "absichtsvoll handelnd Gebrauch von den vorgefundenen Mustern, aus denen es gezielt auswählt. Es formuliert seine subjektiven Intentionen/Interessen im Medium sozial vorgefundener Muster und realisiert darin seine Individualität und Sozialität zugleich." (Radtke 1985: 344) Die Phänomenologie beschreibt die Universalstrukturen subjektiver Orientierung und subjektiven Handelns in der Welt des Alltagslebens (Luckmann 1973: 167). Ihr wichtigster Beitrag ist es, herausgearbeitet zu haben, inwieweit Menschen in einer Welt geteilter *Selbstverständlichkeiten* leben. Obwohl Sozialphänomenologen spätestens seit 1966 (Berger/Luckmann 1969) sehen, dass Kultur, Wissen und Identität "im dialektischen 'Zusammenspiel' von Individuum und Gesellschaft/Kollektiv herausgebildet" werden, meinen Vertreter dieser Richtung nach wie vor "beim Individuum ansetzen" zu müssen, um die Konstruktionsprozesse aufzuklären (Dreher/Stegmaier 2007: 12, 14). Sie übersehen, dass man mit gleichem Recht bei der Gesellschaft ansetzen kann, solange man nicht viel detaillierter darlegt, worin die Dialektik genau besteht und wie Individuum und Gesellschaft vermittelt sind (s. Bourdieus Lösung in Kapitel 5: der Habitus). Die Phänomenologen "versäumen es, die Frage nach der sozialen Konstruktion der Konstruktionsprinzipien der sozialen Realität zu stellen [...]" (Bourdieu 1998: 116).

Allerdings sollte man, um einige Verwirrung zu vermeiden, *drei Formen* der Phänomenologie unterscheiden:

1) Der philosophischen Phänomenologie von Edmund Husserl (1859-1938) ging es um eine transzendentale Kritik des Wissens, sie kann daher zu einer *Wissenschaftstheorie* beitragen.

2) Die deskriptive Phänomenologie von Schütz und Luckmann ist mit ihrer Beschreibung universaler Strukturen der
Lebenswelt eine *Proto-Soziologie*.

3) Die phänomenologische Sozialphilosophie von Berger
und Luckmann als sozialkonstruktivistische Wissenssoziologie ist höchst einflussreich in der Etablierung einer Version
subjektivistischer Soziologie gewesen.

II. *Jürgen Habermas* (*1929)

Die "Theorie des kommunikativen Handelns" von Habermas
(1981) ist insofern interessant, weil er in ihr versucht hat,
Einsichten aus objektivistischen Theorien (Durkheim, Parsons) und subjektivistischen Handlungstheorien (vor allem
Weber) aufzunehmen, um die moderne Gesellschaft zu analysieren (zur Entwicklung seiner Theorie s. Saalmann 2005:
240f.).

Ausgangspunkt von Habermas' eigenem Ansatz war eine
Vorlesung aus dem Jahre 1965, in der er *drei verschiedene Er-
kenntnisinteressen* unterschieden hatte, die jegliche Forschung leiten:

technisches Erkenntnisinteresse – in der empirisch-analy-
tischen (Natur) Wissenschaft

praktisches E. – in der historisch-hermeneutischen (Geistes)
Wissenschaft

emanzipatorisches E. – in den kritisch orientierten Wissenschaften wie Psychoanalyse und Kritischer Theorie, denen
es darum geht, ein verzerrtes Selbstbild der Menschen zu
korrigieren.

In der Folgezeit hat sich Habermas mit der Systemtheorie
Luhmanns auseinander gesetzt, Forschungen zur Linguistik
rezipiert und Lernprozesse untersucht. Schließlich kam er

zur Grundunterscheidung von *instrumentellem* Handeln (Arbeit) und *kommunikativem* Handeln (symbolisch vermittelte Interaktion). Kommunikation und Interaktion finden vor dem Horizont der mit Allen geteilten Lebenswelt statt und individuelle Lernprozesse führen zum reflexiven Umgang mit der natürlichen, sozialen und innerlich-subjektiven Welt. Sobald im Laufe der funktionalen Differenzierung der modernen Gesellschaften Geld und Macht in den Teilsystemen der Wirtschaft und Politik organisiert sind, können sie als "Kommunikationsmedien" wirken und einen sprachlichen Kommunikationsaufwand umgehen. Das hat laut Habermas die Entkopplung von System und Lebenswelt zur Folge. Das Potenzial zur rationalen Weltgestaltung mit Hilfe der Sprache ist gefährdet durch ein Übergewicht ökonomischer und bürokratischer Rationalität. Zudem wird Verständigung schwieriger und das Risiko eines Dissenses steigt mit der Individualisierung, die zu einem Zerfall des lebensweltlichen Grundkonsenses und zur Pluralität der Perspektiven führt.

In seiner Theorie des kommunikativen Handelns (1981) entwirft Habermas wiederholt Übersichtstabellen, deren wichtigste Aussagen ganz ähnlich in der Tabelle auf der folgenden Seite zusammen gestellt sind.

Zusammenhänge von Kommunikation und Handeln nach Habermas

Argumentationskontext	Funktion	Bereich der Realität	Geltungsanspruch	Einlösung	Art des Handelns
Theoretischer Diskurs	Darstellung von Sachverhalten	Äußere Natur	Wahrheit	Argumentative Begründung	Konstativ, Indikativ
Praktischer Diskurs	Herstellung von Beziehungen	Gesellschaft	Richtigkeit	Soziale Normen	Normenreguliert
Therapeutische Kritik	Ausdruck	Innere Natur	Authentizität	Intentionen, Erlebnisse	Präsentativ
Ästhetische Kritik	Bewertung	Kultur	Angemessenheit	Anerkannte Werte	Dramaturgisch
Explikativer Diskurs	Erläuterung	Sprache	Verständlichkeit	Regelrichtigkeit	Verständigungsorientiert

Wie man sieht, finden sich bei Habermas sehr viele Aspekte berücksichtigt, jedoch fokussierte er zu sehr auf den *Menschen als Sprecher* und eben doch nicht als Handelnden. Zudem stand nicht eigentlich der Sprecher im Mittelpunkt seiner Theorie, sondern abstrakt *das Sprechen* (im kritisch-argumentativen Diskurs). Dennoch arbeitete Habermas *keine vollständige Kommunikationstheorie* aus, wie das der Begriff des kommunikativen Handelns auf den ersten Blick nahe zu legen scheint. Es blieb beim Aufweis der universalpragmatischen Unterstellungen jeglicher Kommunikation.

So sympathisch es auch sein mag, an der aufklärerischen Zielsetzung einer immer rationaleren *Gestaltung* menschlicher Lebensverhältnisse festzuhalten, so begrenzt es doch die *Darstellung* dieser Verhältnisse bei Habermas zu sehr. Rationalität kann weder alleiniger Maßstab sein, noch taugt sie zur vollständigen Beschreibung und Analyse menschlichen Lebens. Habermas beschreibt letztlich nicht die reale Welt, sondern ein/sein Modell. Das wird deutlich, wenn man sich seine schematische Trennung von Lebenswelt und System vor Augen führt:

	Lebenswelt	System
Vorgänge	Konkrete Interaktion	Abstrakte Vollzüge
Ziel	Verständigung	Integration
Beschreibung	Idealisiert	Formalisiert
Folge	Wirkt a-kulturell	Wirkt a-politisch
Was fehlt	Spezifische Inhalte, Bedeutungen	Reale Machtverhältnisse bleiben unbeleuchtet

III. Rational Choice Theorien

Die verschiedenen RC teilen die drei Grundannahmen, Akteure
hätten 1) *klare Präferenzen*,
verfügten 2) über *vollständige Informationen* und
seien 3) auf *Nutzenmaximierung* aus.
Selbst in der Ökonomie geht es allerdings nicht so rational zu und nicht jede Handlung eines Akteurs ist das Ergebnis rationalen Kalküls (dazu Weise 1989). Auch nach Abschwächung der Grundannahmen, ergibt sich ein klares Profil der Theorien des RC.
In Deutschland vertritt vor allem **Hartmut Esser** (*1943) eine Version des RC (die sich an derjenigen von James Coleman orientiert). Er beansprucht mit seiner Theorie dreierlei zu leisten:

54

1) eine typisierende Beschreibung der jeweiligen *Situation* zu liefern,
2) eine Erklärung der *Selektion* von Handlungen nach ihrem Nutzen zu geben,
3) die *Aggregation* individueller Handlungen zu kollektiven Resultaten zu erklären.

Hier lassen sich einige kritische Fragen anschließen:
Stehen denn *Präferenzen* ein für allemal *fest*?
Ist die Entscheidung für Handlungen wirklich allein *Nutzen basiert*?
Welche anderen *Ergebnisse* können sie haben? Jeder weiß aus Erfahrung, dass vieles unvorhersehbar ist, von dem manches zwar ungewollt, aber nicht per se unerwünscht ist (Merton 1936: 895).
Neben zweckorientiertem Handeln gibt es auch Handeln aus Gewohnheit (896). Interessenverfolgung setzt also nicht notwendig eine rationale Kalkulation voraus (902).
Die *Fixierung auf Rationalität* verleugnet die menschliche *Freiheit*, sich auch nicht-rational entscheiden zu können (s. die Tabelle in Mees 1999: 295).
Wer wählt denn aus? Nur bei Betrachtung der *Identität* der handelnden Person kann man zu angemessenen Typisierungen der Situation und der Selektionen kommen. Identität ist nun aber nichts Feststehendes, sondern wird in einem ständigen Prozess formuliert und re-formuliert. Es handelt sich dabei um die kontinuierliche Produktion einer individuellen Verortung im Sozialen, durch ein permanentes "Neuschreiben" der eigenen Biographie.
Erhellend ist, was Arthur Schopenhauer bereits 1851 geschrieben hat:

"Unser Lebenslauf ist keineswegs schlechthin unser eigenes Werk; sondern das Produkt zweier Faktoren, nämlich der Reihe der Begebenheiten und der Reihe unserer Entschlüsse, welche stets in einander greifen und sich gegenseitig modifizieren. Hierzu kommt noch, dass in beiden unser Horizont immer sehr beschränkt ist, indem wir unsere Entschlüsse nicht schon von Weitem vorhersagen und noch weniger die Begebenheiten voraussehen können, sondern von Beiden uns eigentlich nur die gegenwärtigen recht bekannt sind. [...] Es ist im Leben wie im Schachspiel: wir entwerfen einen Plan: dieser bleibt jedoch bedingt durch Das, was im Schachspiel dem Gegner, im Leben dem Schicksal, zu tun belieben wird. Die Modifikationen, welche hierdurch unser Plan erleidet, sind meistens so groß, dass er in der Ausführung kaum noch an einigen Grundzügen zu erkennen ist. " (Schopenhauer 1851: 458f.)

IV. Als *Fazit* aus diesen Überlegungen kann man festhalten, dass in der Soziologie je nach *Menschenbild* unterschiedliche *Handlungstypen* in den Vordergrund gestellt oder auch miteinander kombiniert werden (ähnlich Schubert 2010):

Homo sociologicus	Homo oeconomicus	Homo politicus	Homo creator	Emotional man	Identitätsbehaupter	Sprecher
Normen, Werte	Effizienz	Effekt	Werk	Gefühle	Selbstbild/ Fremdbild	Konsens/ Dissens
Norm- oder Wertorientiertes Handeln	Nutzenorientiertes Handeln	Ergebnisorientiertes Handeln	Kreatives Handeln	Expressives Handeln	Selbstvergewisserndes Handeln	Diskursives Handeln

Was nach wie vor fehlt, ist die Sicht des Menschen als *animal symbolicum*. Neben der objektiven Außenwelt und der subjektiven Innenwelt gibt es die soziale Welt der Institutionen und die Welt der kulturellen Objekte. Sie *alle* werden vom Menschen mittels Symbolen angeeignet, bezeichnet und so behandelbar gemacht, bzw. alles Handeln hat immer auch symbolischen Charakter. Der Mensch lebt in einer *Semiosphäre*, die alle anderen Sphären (Bio-, Tropo-, Strato-) umfasst, weil sie allein auf Grund seiner bezeichnenden Tätigkeit zu Stande kommen. Nur mittels seines "symbolischen Universums" kann der Mensch mit dem physikalischen Universum in Beziehung treten. Eine andere und genauere Formulierung desselben Sachverhalts ist die Aussage, dass der Mensch in selbst geschaffenen *Symbolwelten* lebt (s. Ernst Cassirer oder Clifford Geertz; dazu: Saalmann 2013).

Als Mahnung gegen die übermäßige Betonung der Rationalität, die für subjektivistische (aber auch fast alle anderen soziologischen) Theorien kennzeichnend ist, könnte auch ein Song von **Björk** aus dem Jahre 1993 (auf: *Debut*) stehen, der schön zeigt, dass und warum Menschen nicht (vollständig) "berechenbar" sind und der den Titel "Human Behaviour" trägt. Darin heißt es:

there's no map
to human behaviour

they're terribly moody
then all of a sudden turn happy
but, oh, to get involved in the exchange
of human emotions is ever so satisfying ....

KAPITEL 4

Relationismus

Durkheim hatte Normen als (*objektiv*) außerhalb der Einzelnen stehende Begrenzungen des Handelns gesehen, soziales Handeln sei somit *normativ* konstituiert. Weber hatte dagegen gesagt, es sei *subjektiv sinnhaft* konstituiert. Simmel argumentierte, soziales Handeln sei konstituiert aus Wechselwirkungen in Beziehungen zwischen Individuen – also *relational*. Hieran knüpfen die drei im Folgenden kurz vorgestellten Autoren an.

I. Interaktionismus: *Erving Goffman* (1922-82)
Goffman berücksichtigte die normative Ordnung und die Individuen gleichermaßen, untersuchte aber sehr genau die Handlungspraxis.

> "Ich setze voraus, dass der eigentliche Gegenstand der Interaktion nicht das Individuum und seine Psychologie ist, sondern eher die syntaktischen Beziehungen zwischen den Handlungen verschiedener gleichzeitig anwesender Personen. [...] Es geht hier also nicht um Menschen und ihre Situationen, sondern eher um Situationen und ihre Menschen." (Goffman 1971: 8f.)

So zeigt sich, dass Handeln nicht nur Regeln "folgt", sondern Regeln auch ständig an Handlungen angepasst werden (wobei das Gewicht der beiden "Seiten" kontinuierlich variiert). Mit Erwartungen und Normen wird oft spielerisch umgegangen (was sie jedoch letztlich auch bestätigt), allerdings achten die Akteure dabei auf ihr Image (im Sinne von Selbstbild wie Fremdbild). "Eine Verletzung dieser [schwachen] Normen hat hauptsächlich zur Folge, dass der stillschweigende Anspruch des Akteurs, eine Person mit normaler Kompetenz und normalem Charakter darzustellen, gefährdet ist. Das Image, das verletzt wird, ist das des gegen die Regel Verstoßenden selbst." (Goffman 1982: 151) "Ein Individuum ist nicht nur bemüht, seiner jeweiligen Tätigkeit erfolgreich nachzugehen. Es ist vielmehr auch ständig bemüht, ein Image von sich zu wahren, das vor den anderen zu bestehen vermag. Da sein Handeln niemals unabhängig ist von den lokalen Umständen und diese sich fortlaufend und unerwartet ändern, ist ständige [...] Selbstarbeit notwendig." (1982: 252) Die Akteure sind also stets daran interessiert, welchen Eindruck sie auf andere Anwesende machen (1971: 107), das heißt, sie sind auf ihr Prestige bedacht. Deshalb schreibt Goffman an einer Stelle: "Jede Gesellschaft könnte sinnvollerweise als ein System von Vereinbarungen über ehrerbietige Distanz analysiert werden" (1971: 71). Sein *relationaler* Ansatz wird besonders deutlich in folgendem Zitat:

"Das Individuum ist vor allem durch zwei soziale Bande mit der Gesellschaft verknüpft: durch Mitgliedschaft in Kollektiven und durch soziale Beziehungen mit anderen Individuen. Gleichzeitig hilft es selber das Netzwerk der Gesellschaft knüpfen, indem es die sozialen Einheiten miteinander verbindet, die mit ihm verbunden sind." (1982: 255)

II. Figurationssoziologie: *Norbert Elias* (1897-1990)
Ähnlich wie Simmel hatte Elias schon früh gesehen, dass Gesellschaft nicht nur das Normierende, Typisierende ist, sondern auch das Individualisierende (1939: 90; 1986a: 89:

"Jeder Mensch gleicht anderen Menschen und ist zugleich von allen anderen verschieden."). Ausgehend vom "gesellschaftlichen Zwang zum Selbstzwang" (1986b: 383, s. a. Durkheim) untersuchte er in seiner Zivilisationstheorie den Wandel der Formen der Selbstregulierung, des *sozialen Habitus* (384). Er wandte sich gegen Objektivismus wie Subjektivismus:

> "Das, was man so oft in Gedanken wie zwei verschiedene Substanzen oder wie zwei verschiedene Schichten an dem Menschen trennt, seine 'Individualität' und seine 'gesellschaftliche Bedingtheit', das sind in Wahrheit nichts als zwei verschiedene Funktionen der Menschen in ihrer Beziehung zueinander, von denen die eine nicht ohne die andere Bestand hat: Es sind Ausdrücke für die spezifische Aktivität des einzelnen Menschen in Beziehung zu seinen Mitmenschen und für seine Beeinflussbarkeit, seine Bildsamkeit durch deren Aktivität, für die Abhängigkeit anderer von ihm und für seine Abhängigkeit von anderen [...]." (1939: 90f.)

Menschen bilden miteinander "Interdependenzgeflechte oder Figurationen" (1970: 12; "Netzwerke" 18; auch 1939: 89). Sie sind *aufeinander* bezogen, stehen *miteinander* im Austausch oder arbeiten *gegeneinander*, sind aber letztlich doch *voneinander* abhängig. Individuum und Gesellschaft sind nicht zwei verschiedene und antagonistische Figuren (1970: 141). So ist ein Spiel nicht eigentlich etwas Selbstständiges, Objektives. Vielmehr besteht es im Spielverlauf, der aus "der Verflechtung der Handlungen einer Gruppe interdependenter Individuen hervorgeht" (141). Die Figuration "ist das sich wandelnde Muster, das die Spieler als Ganzes miteinander bilden, also nicht nur mit dem Intellekt, sondern mit ihrer ganzen Person, ihrem ganzen Tun und Lassen in ihrer Beziehung zueinander" (142). Der Begriff der Figuration beschreibt so die jeweilige Konstellation sozialer *Relationen*, in welche die individuelle Biographie, die Handlungen der Interaktionspartner und die Vorgaben des Kontextes mit eingehen. Figurationen besitzen eine "relative Autonomie gegenüber den sie jeweils bildenden Individuen" (1986a: 91). Damit weist Elias sowohl über Durkheim wie Weber hinaus: Weder die (sozialen) Regeln des Kartenspiels, noch die Spielzüge der Individuen erklären den konkreten Spielverlauf.

Goffman wie Elias *beschreiben* in ihren Werken die Interaktionspraxis, nun muss ihr Zustandekommen noch *erklärt* werden. Das versucht Bourdieu mit seiner Theorie der Praxis.

III. Theorie der Praxis: *Pierre Bourdieu* (1930-2002)
Das Werk von Bourdieu ist sehr vielfältig und umfasst Beiträge zu

- Modernisierung: Übergang von einer traditionalen, agrarisch bestimmten Lebensweise zur modernen, kapitalistischen (in Algerien und im Béarn).
- Kultursoziologie: Soziale Akzeptanz von Photographie; sozial unterschiedliche Nutzung von Museen; sozialer Hintergrund von Literaten und Künstlern.
- Bildungssoziologie: Soziale Herkunft von Studierenden; Wirkungsweisen der Bildungsinstitutionen.
- Soziologische Theorie: Erklärung menschlicher Praxis.
- Sozialstrukturforschung: Unterschiede in der Alltagskultur und "Hochkultur"-Nutzung sind Ausdruck sozialer Unterschiede und sie tragen zur Reproduktion sozialer Unterscheidungen bei.
- Sozialpolitik und Globalisierungskritik.

Bourdieu nimmt die Einsichten auf, dass gesellschaftliche Strukturen auf das Handeln der Individuen einwirken und das Handeln der Individuen genauso die Gesellschaft strukturiert. Wenn *beides* richtig ist, muss der Zusammenhang zwischen beiden Vorgängen erklärt werden. Es geht somit um die Wechselwirkung zwischen der Mikroebene des Handelns und der Makroebene der Strukturen. (Siehe auch die Debatte um *structure and agency* bei Anthony Giddens und Margret Archer.)

Bourdieu ist nach seiner Rückkehr aus Algerien (1960) von Lévi-Strauss und seiner strukturalistischen Methode fasziniert gewesen. Schon bald jedoch sah er, dass man das besonders Interessante und Erklärungsbedürftige – die konkrete menschliche Praxis – mit dieser Art des Strukturalismus nicht erfassen konnte. Er entwarf daher eine eigene "Theorie der Praxis", die auch ein *Genetischer Strukturalismus* ist (1976: 253). Der Habitus ist eine "chronologisch geordnete Serie von Strukturen" (1976: 188). Im Begriff des Habitus fasst Bourdieu alle Bestimmungsfaktoren des Handelns, die nicht voll bewusst sind, seiner Meinung nach aber den größten Anteil an der Genese jeglichen Handelns haben. Damit hebt er etwas hervor, das schon Weber gesehen hatte: "Auf seine subjektive Struktur hin angesehen, hat das Verhalten oft sogar überwiegend den Typus eines mehr oder minder annähernd gleichmäßigen Massenhandelns ohne jede Sinnbezogenheit." (Weber 1913: 149)

"Bourdieu machte sich seit Ende der 1960er Jahre daran, ein integratives Modell sozialen Handelns zu entwickeln, mit dem die Erklärung sowohl traditionsgeleiteter wie streng rationaler Entscheidungen und Handlungen möglich sein sollte. Zur Bezeichnung einzelner Elemente sollten möglichst wenig vorbelastete Begriffe benutzt werden. Statt tendenziell essenzialistischer Konzepte wie Subjekt, Identität, Gesellschaft und Kultur sollte auf Prozess beschreibende und relationale Begriffe zurückgegriffen werden. Ziel war, den Bereich in der Mitte zwischen behavioristischer Reaktion und freier Entscheidung abzudecken, in dem herkömmlicher Weise Gewohnheiten, Regeln und Normen verortet werden. Was Gewohnheiten genau ausmacht, bleibt jedoch zu unscharf, während Normen zu bewusst und determinierend sind. Da auch der Begriff "Regel" eher ungeeignet ist, dessen Mehrdeutigkeit von Wittgenstein hervorgehoben worden war und der im Strukturalismus zu ahistorisch gedacht wurde, stellte Bourdieu die *Regelmäßigkeit* und ihre Erzeugung in den Mittelpunkt seiner Arbeiten." (Rehbein/Saalmann 2009: 115).

Wenn Bourdieu doch noch von Regeln spricht, geht es um die Herstellung legitimen Handelns. Alles Handeln wird klassifiziert und bewertet als erlaubt oder nicht erlaubt. Das ist hier aber nicht moralisch gemeint, sondern im Sinne von üblich und angemessen in einem Feld.
Soziales Handeln wird durch drei *relational* bestimmte Faktoren konstituiert:

- den *Habitus*, der von der sozialen Herkunft geprägt ist,
- das *Kapital*, als den im bisherigen Leben erworbenen Ressourcen und
- die *Felder*, in denen man ihren Regeln und seinem Habitus entsprechend die Kapitalien einsetzt.

Habitus: Je nach der Position in der Sozialstruktur werden Wahrnehmungs-, Denk- und Handlungsweisen (als *strukturierte* Schemata) *inkorporiert*, weshalb der so strukturierte

Habitus wiederum *strukturierend* wirken kann (1976: 165), wodurch sich die inkorporierten Schemata reproduzieren. Der Habitus ist ein *strukturierter Körper* (1998: 145) und die in den Körper eingeschriebenen Strukturen können dauerhaft disponierend wirken, die Menschen in ihrem Handeln (an)leiten.

Bourdieu verdeutlicht das an einem Beispiel:

> "In dem scheinbar dunklen Ausspruch '*noblesse oblige*' kommt die spezifische Logik der *Disposition* recht gut zum Ausdruck: Der Habitus des Adligen beherrscht wie eine Macht ('es ist stärker als ich') seine Praktiken und sein Denken, ohne ihm einen mechanischen Zwang aufzuerlegen; auch sein Handeln lenkt er wie durch logische Notwendigkeit ('da gibt es nur eins', 'ich kann nicht anders'), aber ohne ihm als Regel vor Augen zu stehen, die er anwenden muss, oder als ein durch rationales Kalkül ermittelter Spruch, dem er sich zu unterwerfen hat. " (1998: 211)

Diese "Dispositionen sind eher Tendenzen als Festlegungen: Bestimmte Optionen werden sehr viel wahrscheinlicher ausgeführt als andere (1976: 168)." (Saalmann 2009a: 200) Die Gesamtheit dieser potenziellen Möglichkeiten macht den Habitus aus, erst aus den momentanen Konstellationen in einem Feld ergeben sich die aktuellen Möglichkeiten der Aktion/Interaktion.

Bourdieu will nicht nur ernst nehmen, dass Gewohnheiten menschliches Handeln bestimmen, sondern erklären, wie sie systematisch erzeugt werden. Die *Regelmäßigkeiten* des sozialen Lebens resultieren nicht aus der bewussten Anwendung von *Regeln*. Gerade aber weil alle diese Prozesse unbewusst ablaufen, können Menschen dennoch von sich das Bild eines voll bewussten und rational entscheidenden Handlungssubjekts haben. "Sozusagen als leibliche Absicht auf die Welt [...] leitet der praktische Sinn 'Entscheidungen', die zwar nicht überlegt, doch durchaus systematisch, und zwar nicht zweckgerichtet sind, aber rückblickend durchaus zweckmäßig erscheinen." (Bourdieu 1987: 122)

Kapital: Allgemein erfasst der Begriff Kapital die *Vermehrung durch Investition* statt des bloßen *Anhäufens* wertvoller Objekte (Gold, Juwelen), die irgendwann lediglich als Zahlungsmittel verwendet werden. Entsprechend führt Bourdieu den Begriff in seine Theorie ein. Der Erwerb von Kompetenzen durch Inkorporierung der Schemata für die Erzeugung von Praktiken benötigt Zeit, kostet oft Geld, ist mit Arbeit verbunden und oft mühsam. (Das zeigt gerade die Geschichte von Eliza Doolittle in "My Fair Lady", wo ja dieser Prozess im Schnelldurchgang vollzogen wird.) Man muss also etwas investieren, um seine Kapitalien zu vermehren. Bourdieu unterscheidet *drei Kapitalsorten* (1983/1992):

Kapital	Ökonomisches	Soziales	Kulturelles
Substrat	Geld als Abstraktum	Beziehungen	Wissen
Objektivierung	Konkrete Stoffe	Netzwerke	Kulturgüter
Institutionalisierung	Rechtstitel (Eigentum)	Adels- oder Amtstitel	Bildungstitel
Inkorporierung	(Arbeitskraft)	(Soziale Kompetenzen)	Geschmack

(Bourdieu spricht von Inkorporierung nur im Zusammenhang mit kulturellem Kapital, man kann es aber mit Vorbehalten auch mit Bezug auf die anderen Sorten tun.)

Bourdieu zeigt, dass Geschmack nichts Individuelles ist, sondern durch die jeweilige soziale Lage (er nennt es nach wie vor "Klassenlage") bestimmt. Das Urteilsvermögen des Geschmacks formt die Interessiertheit an bestimmten Elementen des Lebens und die Fähigkeit mit ihnen umzugehen, auf sie zu reagieren. Die inkorporierten Wahrnehmungs-, Denk- und Handlungsschemata des Habitus sorgen dafür, dass scheinbar rein zweckrationales Handeln zum größten Teil aus vorgeformten Elementen besteht. Andererseits ermöglicht es das Konzept des Habitus, zu analysieren, inwiefern selbst im scheinbar zweckfreien Bereich von Kunst und Ästhetik bestimmte Interessen verfolgt werden. Kulturelle Kompetenzen können wie ein Kapital eingesetzt/investiert werden, um "eine gute Figur zu machen" und Anerkennung zu erwerben, die wiederum in anderen Bereichen des Lebens von Nutzen sein kann. Die allgemeine, *symbolische Ökonomie* beschreibt die prinzipielle Interessiertheit von Menschen am "Erwerb" – von sozialer *Anerkennung (symbolischem Kapital*, 1998: 151). Sie zeigt, dass ein platter Ökonomismus reduktionistisch ist, dass aber auch eine Verneinung ökonomischer Prinzipien zur Erklärung sozialen Lebens unsinnig wäre. Ein gewisser Einsatz ökonomischen Kapitals ist (neben Zeit) immer notwendig, um kulturelles und soziales Kapital zu erwerben, das als symbolisches Kapital wahrgenommen wird, aber/und genauso auch in ökonomisches Kapital (re)konvertiert werden kann. Bourdieus erweiterter Kapitalbegriff muss allerdings deutlich unterschieden werden von Begriffen wie "Humankapital" (Becker 1964) oder anderen Fassungen von "Sozialkapital" (Coleman 1986), die der Rational Choice Theorie zugehören und eher *quantitativ* gedacht sind, während bei Bourdieu die *Strukturiertheit* ihrer Zusammensetzung im Mittelpunkt steht.

Konkrete Praktiken sind Ergebnis der Anwendung spezifischer Elemente/Inhalte aus dem Kapitalbestand nach den Erzeugungsprinzipien des gesamten Habitus.

Gesellschaft ist zwar funktional differenziert (Felder), aber die Menschen finden sich auch in Teilgruppen wieder, die mit unterschiedlichem Prestige behaftet sind, das als und im *Lebensstil* kultiviert wird. Diese Praktiken werden von anderen klassifiziert, was zur Reproduktion der Sozialstruktur beiträgt. *Neben* einer funktionalen Struktur der modernen Marktgesellschaft (die bei der Systemtheorie im Mittelpunkt steht), gibt es somit noch ein weiteres Strukturierungsprinzip.

Feld: Felder sind Systeme von Beziehungen. Jedes Feld ist das *Netz* der Relationen zwischen sozialen Positionen unter einem bestimmten Gesichtspunkt. "Damit ein Feld funktioniert, muss es Interessenobjekte geben und Leute, die zum Mitspielen bereit sind und über den Habitus verfügen, mit dem die Kenntnis und Anerkenntnis der immanenten Gesetze des Spiels, der auf dem Spiele stehenden Interessenobjekte usw. impliziert ist." (1993: 108) Jedes Feld erfordert eine spezifische praktische Logik. Wer die Spielregeln am besten beherrscht, weil sie diese in der Ontogenese in ihren Habitus inkorporieren konnte, hat eine dominante Stellung im Feld, was es ihr ermöglicht, die Praxis zu ihren Gunsten zu beeinflussen. Zusätzlich hängt die Macht von der Kapitalausstattung ab. Ein Feld ist somit nicht nur funktional definiert, sondern es ist genauso auch ein "Kräftefeld", eine *Machtstruktur*, die speziell die Soziologie analysieren muss.

Die strukturierten sozialen Bedingungen werden inkorporiert, wobei sie den Habitus strukturieren, der wiederum nach Dispositionen die Praxis und Anwendung von Klassifikationen strukturiert, wodurch die Akteure strukturierte Positionen einnehmen und sich distinguierend voneinander abheben. Damit sind neue soziale Bedingungen hergestellt, die aber in sehr weiten Teilen doch die alten sind.

Dieser "Zirkel der Reproduktion der sozialen Ordnung" (1998: 129) lässt sich als Kreislauf im Uhrzeigersinn darstellen:

Bourdieus Erklärungsmodell sozialen Handelns und der Reproduktion

Habitus
strukturiert und strukturierend

Inkorporierung			Disposition
strukturierend			*strukturierend*

Soziale	Position +	—	**Praxis +**
Bedingungen =	Distinktion	—	**Prinzipien der**
strukturiert	*strukturiert*		**Klassifikation**

Schlussfolgerungen:
Individuen sind *nicht an sich* etwas (als *autonome* Handlungssubjekte), sondern nur sofern und wie sie in den Feldern wahrgenommen werden und ihre "Interessen" dort in einer Weise durchsetzen können, die Anerkennung findet. Soziale Beziehungen im Allgemeinen, wie auch in ihren Besonderungen der politischen Öffentlichkeit und des Marktes

müssen strikt *relational* gedacht werden. Das soziale Leben besteht nicht im Aufeinandertreffen feststehender Akteure (Individuen und "die" Gesellschaft), sondern vielmehr in momentanen *Konstellationen* in einem ständigen Prozess (s. "Figurationen" bei Elias).[6]

Bourdieu zeigt die Begrenzung menschlicher Handlungsfreiheit auf: Der Habitus legt bestimmte Handlungen nahe (andere nicht), das Kapital ist oft unausgewogen zusammengesetzt und knapp, die Felder sind begrenzt und ihre spezifischen Regeln setzen Grenzen. Jedoch "bietet Soziologie auch einige der wirksamsten Mittel, um jene Freiheit zu erlangen, die sich den sozialen Determinismen mit Hilfe der Erkenntnis dieser sozialen Determinismen immerhin abringen lässt" (1998: 9). Auch wenn Bourdieu hier von Determinismen spricht, vertritt er doch keine deterministische Theorie (s. Saalmann 2012).

Die Theorie von Pierre Bourdieu macht deutlich, dass Objektivismus wie Subjektivismus von einseitig verkürzten Voraussetzungen ausgehen und daher nur mangelhafte Erklärungen menschlichen Zusammenlebens geben können.

Dennoch muss eine auf Bourdieus Theorie aufbauende relationale Soziologie stärker in Betracht ziehen, dass soziale Institutionen ein gewisses Eigenleben führen[7] (was sie zu Faktoren im Beziehungsnetz werden lässt) und Individuen bei der Umsetzung von Dispositionen sowohl von ihrer Ratio als auch ihrer Gefühlslage bestimmt werden. Schließlich gibt es mitunter starke Antipathien oder Sympathien (bis hin zu Liebe) zwischen Menschen, die sich kaum auf soziale Bestimmungsgründe zurückführen lassen. Allerdings können wohl auch Liebesbeziehungen als Suche nach Anerkennung/ symbolischem Kapital verstanden werden, in diesem Fall jedoch mit weniger *sozialer* Gültigkeit.

Zusatz

Vergleich der Theorien von Marx und Bourdieu (objektivistische und relationistische Praxistheorie)

	Marx	Bourdieu
Geschichts-prozess	außerhalb des Menschen	im Menschen (Habitus)
Dialektik	materalistisch	strukturalistisch
Rolle zweck-gerichteten Handelns	Ökonomismus	symbolische Ökonomie im gesamten Leben
ursprüngliche Akkumulation	Eigentum an Land	von Kultur durch erste Schulen
Handeln	determinierte Intention	intentionslose Intention
anthropologi-scher Grund-prozess	Entäußerung	Inkorporierung
Auswirkung von Verblendung	Warenfetisch	Fetischisierung des Produzenten
Klassen	objektive Klassen, Klassenbewusstsein; Klassenkampf um Produktionsmittel	objektive Klassen, unbewusstes Klassenbewusstsein; Kampf auf Feldern
Ziel	Revolution	modifizierte Reproduktion
Gegentendenz	Ideologie als falsches Bewusstsein	Trägheit durch fest verankerten Habitus

Bourdieu behält viele Einsichten von Marx bei, wendet sie aber anders, indem er sie mit Ideen von Weber und Durkheim verbindet. Zudem berücksichtigt er die geschichtliche

Erfahrung, dass sich die marxistische Theorie nur mit Gewalt in die politische Praxis umsetzen ließ und sich nach kurzen Erfolgen letztlich doch nicht bestätigen konnte. Bei der Suche nach einer Erklärung für die starke Beharrungskraft sozialer Verhältnisse setzt sich Bourdieu vom Modell des rationalen Akteurs ab, der eine Veränderung bewusst intendiert, aber auch von Modellen, die Geschichte durch jenseits der Akteure liegende Bestimmungsfaktoren erklären wollen. Bourdieus Theorie vereint beide Erklärungsstrategien und will Kräfteverhältnisse wie Sinnverhältnisse gleichermaßen berücksichtigen. Sie trägt der Interessiertheit und den Intentionen der Akteure Rechnung, verlegt sie aber in den größtenteils vorbewusst wirkenden Habitus. Die Aufnahme und strukturalistische Reformulierung des alten Konzepts des Habitus stellt den zentralen Punkt von Bourdieus Theorie dar.

Schluss: Die Anwendung der Theorien

Es wird hoffentlich hinreichend deutlich geworden sein, dass sich alle soziologischen Theorien recht genau drei verschiedenen und logisch möglichen Grundformen zuordnen lassen. Bereits drei Klassiker der Soziologie haben diese Formen entwickelt:

Durkheim: Der Mensch *lebt in der Gesellschaft*, die quasi von außen auf ihn einwirkt. Soziologie betrachtet das *Überindividuelle*.

Weber: Der Mensch *lebt in Gesellschaft anderer Menschen*, an denen er sich orientiert. Soziologie geht aus vom *Individuellen*.

Simmel: Der Mensch *lebt soziale Beziehungen mit* anderen Menschen. Soziologie betrachtet das *Interindividuelle*.

Obwohl Durkheim das Konzept der Sozialisation entwickelt und zugestanden hat, dass Gesellschaft immer individualisiert aufgenommen wird, ändert das nichts an seiner Grundaussage, dass Denken und Handeln der Einzelnen mehr von der Gesellschaft bestimmt sind, als von ihnen selbst. Weber beschäftigte sich sehr wohl mit gesellschaftlichen Prozessen, erklärte sie aber letztlich vom Individuum aus. Erst Simmel konzentrierte sich auf die Formen der Beziehungen zwischen den Einzelnen.

Der Blick in die weitere Geschichte der Soziologie hat gezeigt, dass soziologische Theorie entweder als "**Theorie der Gesellschaft**" möglich ist (es gibt etwas Feststehendes, dem Handeln des Einzelnen Vorangehendes und unabhängig davon Bestehendes, wie: biologisch geprägte Mechanismen, ein Funktionssystem, ein Normensystem, Strukturen des

Denkens, die Kultur, ökonomische Verhältnisse, etc.), oder als **"Theorie der Vergesellschaftung"**. Diese kann allerdings auf zwei sehr unterschiedliche Arten entworfen werden: Man geht aus vom *individuellen, sozial orientierten Handeln*, um mit Prozessen der Institutionalisierung auch das Soziale zu erklären, oder aber man stellt die *Sozialität des menschlichen Handelns* in den Mittelpunkt. Handeln erklärt sich dann aus den konkreten sozialen Beziehungen, in welchen es stattfindet und in denen allgemeine Formen aktualisiert werden. So kann erkannt werden, dass es nicht die extreme Alternative von gesellschaftlichem Zwang und individueller Freiheit gibt, sondern dass mal mehr, mal weniger dieses oder jenes gegeben ist, je nach der Situation und der Konstellation der Akteure. Wenn man dann noch sieht, dass die Reflexivität und Intentionalität des subjektiven Bewusstseins nicht etwas Gegebenes ist, sondern in seiner Entstehung nachgezeichnet werden muss, liegt auch die Einsicht nahe, dass Umfang des Reflexionsvermögens und Art der Gerichtetheit nicht automatisch völlig gleich ausgebildet sein müssen, sondern variieren können, je nach den sozialen Bedingungen der Genese.

Auch wenn die einzelnen Theoretiker hauptsächlich einer der drei Richtungen folgen, haben viele doch auch Aspekte der anderen gesehen – aber eben nicht systematisch verfolgt. Bei Gelegenheit wurde im Text auf einige dieser Punkte hingewiesen. Eine gewisse Grenzstellung nehmen folgende drei Autoren ein: Parsons (1953: 624) zwischen Objektivismus und Subjektivismus (weil er beide zu verbinden sucht), Luhmann zwischen Objektivismus und Relationismus (es gibt Systeme, aber auch den systemtheoretischen Beobachter und seine Position), sowie Habermas zwischen Subjektivismus und Relationismus (es geht einerseits um die Interpretation einzelner Sprechakte, andererseits um Gesellschaftskritik, deren Möglichkeit formal mit den idealen Unterstellungen jeglicher Sprechakte begründet wird. Die wichtigste ist, dass jeder Sprecher in die Kommunikationsbeziehung mit dem Ziel einer Verständigung – von Habermas als Konsens gedacht – eintritt).

Manche der Verbindungen zwischen den Theorien sind besonders interessant. So hatte Schütz in einer brieflichen Debatte mit Parsons "an der subjektiven Perspektive" festgehalten (Schütz/Parsons 1977: 65) und sich erst später mit den allgemeinen Strukturen der Lebenswelt beschäftigt.

Die Theorien von Schütz und Bourdieu scheinen viel gemeinsam zu haben, worauf Hubert Knoblauch (2003) hinweist, aber Schütz erklärt mit psychologischen und dem einzelnen Bewusstsein immanenten Mechanismen, wie es zu *Habitualisierungen* und Institutionalisierungen kommt (die er noch dazu primär als Wissen begreift), während Bourdieu den *Habitus* soziologisch aus der Position in der Sozialstruktur erklärt. Er versteht Sozialisation weniger als bloße Anhäufung von Kompetenzen, sondern sieht viel eher ihre Strukturiertheit, weshalb er auch ein anderes Modell von Dialektik entwickelt (als es Berger/Luckmann 1966 getan haben). Geschichte und Gesellschaft existieren immer in zwei Formen: als Habitus und als Feld, *positional inkorporiert* und *relational objektiviert*. Allein die ständige wechselwirkende Umsetzung von Habitusdispositionen in Spielzüge in Feldern und von Feldeffekten und Konstellationen zu Habitusstrukturen realisiert Gesellschaft und Geschichte *in und als* Praxis.

Wie für Bourdieu die Felder *Kräftefelder* sind, beschreibt auch Elias die Figurationen als *Machtbalance*. Und Rilke zitierend nimmt er einen Gesichtspunkt der "nichtintentionalen Intentionalität", von der Bourdieu gelegentlich gesprochen hat, vorweg: "Aus Plänen wachsend, aber ungeplant; bewegt von Zwecken, aber ohne Zweck." (Elias 1939: 95)

Selbst wenn man der hier im Text vertretenen Position folgt und Bourdieus Relationismus als Theorie ansieht, die am meisten leisten kann, ist damit *nicht* gesagt, dass die anderen theoretischen Optionen *falsch* sind. Objektivismus und Subjektivismus sind Sichtweisen, mit denen man bestimmte Aspekte des Soziallebens besonders *gut sehen* kann. Anderes sieht man damit nicht, was darauf hindeutet, dass sie doch *etwas einseitig* sind (was wiederum den heftigen Streit zwischen Vertretern beider Richtungen in der Fachgeschichte erklärt). Relationistische Theorien vermeiden eine solche Einseitigkeit eher und Bourdieus Version dieser Sichtweise wohl am besten.

Sobald man typische Probleme der Soziologie nacheinander aus den drei grundsätzlichen Blickwinkeln betrachtet, wird ihre unterschiedliche Leistung deutlich. Das soll an zwei Beispielen kurz (und sehr holzschnittartig) gezeigt werden.

I. Armut

a) Objektivistische Theorien setzen beispielsweise bei der *Definition* von Armut an, so wie die OECD versucht hat, Armut wenn nicht absolut zu bestimmen, so doch zumindest relativ zur jeweiligen Gesellschaft (wer über weniger als 60% des Medianeinkommens verfügt, gilt als arm). Die Organisationssoziologie würde sich mit der *Armutsverwaltung* befassen. In letzter Zeit wurden unter dem Eindruck der Systemtheorie die Phänomene der *Exklusion* von Einkommensarmen *aus weiteren Teilen des Gesamtsystems* thematisiert.

b) Subjektivistische Theorien legen ihr Schwergewicht auf das *Empfinden* der Armen, darauf, wie sie ihr *Leben gestalten* und vor welche spezifischen *Probleme* sie gestellt sind.

c) Relationistische Theorien fragen danach, wie Arme *behandelt* werden, sei es von Einzelnen, Gruppen oder der Gesamtgesellschaft. Beispielhaft hierfür ist nach wie vor Simmels relationale Analyse des Armen:

In seiner Soziologie von 1908 widmet Simmel einen umfangreichen Exkurs dem Armen (GA 11, S. 512 – 55). Er geht zunächst von dem grundlegenden Unterschied zwischen einem *Rechtsanspruch* des Armen auf Hilfe[8] und einer *Pflicht* des Helfenden aus und entwickelt im komplizierten Argumentationsgang des Textes folgende Möglichkeiten:

Geber	Motivation	Hilfe
Individuum	- um des Gebenden willen (religiöse *Pflicht*) - um des Armen willen (Menschen*recht*)	Für den konkreten Armen (unmittelbar) Für den abstrakten Armen (mittelbar)
Kollektiv	- um des Armen willen (soziale *Pflicht*) - um der Gesellschaft willen (soziales *Recht*)	Gegen konkrete Armut (unmittelbar) Gegen abstrakte Armut (mittelbar)

Im Laufe der Zeit hat sich nicht nur das Motiv zu helfen geändert, sondern es hat gewissermaßen eine *Abstraktion* stattgefunden. Man hilft, *ohne dem Anderen zu begegnen.*

"Der Staat kommt der Armut, die Privatwohltätigkeit dem Armen zu Hilfe." (541) Der Armut als "sachlich bestimmter Erscheinung" steht also das arme Individuum gegenüber.

Auch das Beispiel des Armen zeigt, dass der Einzelne immer Objekt der Gesellschaft ist, wie er/sie gleichzeitig genauso Subjekt ist. Man steht der Gesellschaft einerseits gegenüber, andererseits ist man Teil von ihr (546f). Das ist grundsätzlich kennzeichnend für alle sozialen Beziehungen.

Simmel weist des Weiteren darauf hin, dass *Armut relativ* ist (548). Selbst wenn als arm derjenige gilt, dessen Mittel zu seinen Zwecken nicht ausreichen, ist erstens zu sehen, dass Bedürfnisse und Zwecke *Milieu* typisch sind. Zweitens hängt es von den Individuen ab, ob sie sich selbst als arm *empfinden*. Deshalb kommt Simmel zu dem überraschenden Schluss, dass derjenige der Arme ist, der von der Gesellschaft als Armer behandelt wird und Unterstützung erhält (551). Nur dann spielt er/sie diese spezifische Rolle (552). Armut ist somit nicht quantitativ zu bestimmen, sondern nach der sozialen Reaktion (auf eine besondere Lage).

Lewis Coser knüpft an Simmels Einsichten an und schreibt daher: "Psychologisch gesehen beginnt die Ereignisabfolge mit der Erfahrung von Deprivation und führt zur Bitte um Hilfe. Soziologisch gesehen verhält sich der Ablauf genau anders herum: Diejenigen, die Hilfe empfangen, werden als 'arm' definiert." (Coser 1992: 36) Oftmals impliziert das Faktum der Hilfe eine Degradierung und Arme werden stigmatisiert, wodurch sich ihre soziale Rolle noch stärker verändert.

Je nach bewertender Wahrnehmung können Arme ganz anders behandelt werden:

Bedauern	Verachtung	Kriminalisierung	Akzeptanz
Almosen	Sonderbehandlung	Schikane	Verwaltung, Hilfe

II. Arbeit

a) Objektivistisch betrachtet ist Arbeit einmal ein *Produktionsmittel* und ein Bestandteil im Geschichtsprozess, einmal erfüllt sie bestimmte *Funktionen*.

b) Subjektivistisch gesehen ist sie ein wichtiger *Teil des Lebens* jedes Menschen, welches sie geradezu mit *Sinn* erfüllen kann. Allerdings ist das abhängig von der Idee der Arbeit und der Arbeitsethik, die erst entwickelt werden müssen und von den Menschen unterschiedlich angenommen und umgesetzt werden können.

c) Relationistisch betrachtet handelt es sich meist um ein *Verhältnis zwischen Menschen*, das in ganz unterschiedlichen Formen ausgestaltet sein kann (Herr/Knecht; Team). Eine Betrachtung des Feldes der Wirtschaft vermag die unterschiedlichen Beiträge Einzelner an Arbeit zu erkennen und weist auf die differenzierten Weisen der *Anerkennung* hin, die Arbeiten erfahren.

Was Heinz Bude über die Soziologie allgemein gesagt hat, gilt also auch mit Bezug auf jede einzelne der drei Grundrichtungen der Theorie:
"Die soziologischen Beschreibungen [...] sind nicht die einzig korrekten Beschreibungen der Realität, sondern Beschreibungen *neben* anderen Beschreibungen." (Bude 1988: 15)

III. Eine Frage ist **abschließend** noch kurz anzusprechen, die sich stellen mag, sofern ein Relationismus favorisiert wird:
Wenn man das Soziale als andauernde Re-Konstruktion begreift, löst sich dann nicht der Forschungsgegenstand der Soziologie auf?

Aus drei Gründen ist das nicht so:

1) Je nach *Zeit*horizont lässt sich Stabilität sehen;
2) Je nach *Ebene* der Betrachtung (Mikro, Meso, Makro) scheint das Fließen sozialer Prozesse zäher;
3) Je nach *Raum*ausdehnung wird die Verbreitung ähnlicher Formen sichtbar.

Der Rahmen der Betrachtung spielt also eine ganz entscheidende Rolle.
Der Relationismus macht einfach nur Schluss mit der Voraussetzung (relativ) feststehender Ausgangspunkte der Analyse, wie Gesellschaft/System oder Individuum, betrachtet stattdessen den andauernden Fluss des sozialen Lebens und analysiert dessen Voraussetzungen. Eine solche Analyse sozialen Lebens trifft nicht immer auf Gegenliebe, wie Bourdieu (1993: 66) gesehen (und vielleicht auch gespürt) hat:

> "*Dem Soziologen wird nicht verziehen, dass er dem Erstbesten die dem Eingeweihten vorbehaltenen Geheimnisse offenbart.*"

Anmerkungen

1 *Eine* gelungene *Wesensdefinition* lautet recht ähnlich: "Soziologie ist die Wissenschaft von den Bedingungen und Strukturen des sozialen Handelns und den verschiedenen sich daraus ergebenden Formen der Vergemeinschaftung und Vergesellschaftung. Zu ihrem Gegenstandsbereich gehören auch die sozialen Prozesse, die sowohl die Kontinuität bestimmter sozialer Strukturen und Institutionen gewährleisten, als auch ihren Wandel bewirken." (Korte/Schäfers 2003: 7)

2 Ähnlich schrieb Marx schon 1845 in seiner 6. These über Feuerbach, das menschliche Wesen liege nicht im einzelnen Individuum, sondern habe seine Wirklichkeit in den gesellschaftlichen Verhältnissen (MEW 3: 6).

3 Der Theorie-Dualismus ist in der Fachliteratur fest etabliert (s. Hollis 1995 oder Rossi 1983: 312, der auch die dritte Grundrichtung bereits sieht: S. 223f.).

4 Die grundlegenden Bedürfnisse finden sich aufgelistet auf den Seiten 111f und 123.

5 Für eine Kritik der ähnlich reduktionistischen Soziobiologie von Edward O. Wilson s. Stevenson/Haberman 2008: 244f.

6 "Soziale Realität ist durch nichts Außersoziales vorgegeben, [sondern wird] vielmehr in dem Prozess, der 'Gesellschaft' heißt, fortlaufend konstruiert und bestätigt" (Falk/Steinert 1973: 34).

7 So beschreibt Bourdieu, wie der Staat "nach und nach aufhörte, eine bloße Juristenfiktion zu sein, und zur selbständigen Ordnung wurde, die imstande ist, die Unterwerfung unter ihre Funktionen und ihr Funktionieren und die Anerkennung ihrer Prinzipien durchzusetzen" (1998: 122).

8 In neuerer Zeit setzt man verstärkt darauf, garantierte Rechte der Menschen zu formulieren, die sie dann von ihren Regierungen auch einklagen können (s. Khan 2009).

80

Zitierte Literatur

Bahrdt, Hans P. (1990), Schlüsselbegriffe der Soziologie (1984). München.

Bauman, Zygmunt (2000), Vom Nutzen der Soziologie (1990). Frankfurt.

Becker, Gary S. (1964), Human Capital. Chicago.

Berger, Peter L. (1977), Einladung zur Soziologie (1963). München.

Berger, Peter L./ Thomas Luckmann (1969), Die gesellschaftliche Konstruktion der Wirklichkeit. Eine Theorie der Wissenssoziologie (1966). Frankfurt.

Bourdieu, Pierre (1976), Entwurf einer Theorie der Praxis auf der ethnologischen Grundlage der kabylischen Gesellschaft (1972). Frankfurt.

Bourdieu, Pierre (1982), Die feinen Unterschiede. Kritik der gesellschaftlichen Urteilskraft (1979). Frankfurt.

Bourdieu, Pierre (1983), Ökonomisches, kulturelles und soziales Kapital. In: Bourdieu, Die verborgenen Mechanismen der Macht. Schriften zu Politik und Kultur 1. Hamburg 1992, S. 49-79.

Bourdieu, Pierre (1987), Sozialer Sinn. Kritik der theoretischen Vernunft (1980). Frankfurt.

Bourdieu, Pierre (1993), Soziologische Fragen (1980). Frankfurt.

Bourdieu, Pierre (1998), Praktische Vernunft. Zur Theorie des Handelns (1994). Frankfurt.

Bude, Heinz (1988), Auflösung des Sozialen? Die Verflüssigung des soziologischen 'Gegenstandes' im Fortgang der soziologischen Theorie. In: Soziale Welt 39/1988, S. 4-17.

Claessens, Dieter/ Daniel Tyradellis (1997), Konkrete Soziologie. Eine verständliche Einführung in soziologisches Denken. Opladen.

Coser, Lewis A. (1992), Soziologie der Armut: Georg Simmel zum Gedächtnis. In: S. Leibfried/ W. Voges (Hrsg.) 1992, Armut im modernen Wohlfahrtsstaat. Opladen, S. 34-47.

Dreher, Jochen/ Peter Stegmaier (2007), Einleitende Bemerkungen: "Kulturelle Differenz" aus wissenssoziologischer Sicht. In: Dreher/Stegmaier (Hrsg.) 2007, Zur Unüberwindbarkeit kultureller Differenz. Bielefeld, S. 7-20.

Durkheim, Émile (1984), Die Regeln der soziologischen Methode (1895). Frankfurt.

Elias, Norbert (1939), Die Gesellschaft der Individuen. In: Elias, Die Gesellschaft der Individuen. Frankfurt 1987, S. 15-98.

Elias, Norbert (1970), Was ist Soziologie? München.

Elias, Norbert (1986a), Figuration. S. 88-91; (1986b), Zivilisation. S. 382-87. In: B. Schäfers (Hrsg.), Grundbegriffe der Soziologie. Opladen 1986.

Falk, Gunter/ Heinz Steinert (1973), Über den Soziologen als Konstrukteur von Wirklichkeit, das Wesen der sozialen Realität, die Definition der Situation und die Strategien ihrer Bewältigung. In: Steinert (Hrsg.) 1973, S. 13-45.

Goffman, Erving (1971), Interaktionsrituale. Über Verhalten in direkter Kommunikation (1967). Frankfurt.

Goffman, Erving (1982), Das Individuum im öffentlichen Austausch. Mikrostudien zur öffentlichen Ordnung (1971). Frankfurt.

Goffman, Erving (1983), Wir alle spielen Theater. Die Selbstdarstellung im Alltag (1959). München.

Greve, Wolfgang (1994), Handlungsklärung. Die psychologische Erklärung menschlicher Handlungen. Bern.

Haller, Max (2003), Soziologische Theorien im systematisch-kritischen Vergleich (1999). Wiesbaden.

Heine, Heinrich (1834), Zur Geschichte der Religion und Philosophie in Deutschland. In: Heine, Sämtliche Schriften, Bd. 3. München 1995, S. 505-641.

Hitzler, Ronald (1999), Welten erkunden. Soziologie als (eine Art) Ethnologie der eigenen Gesellschaft. In: *Soziale Welt* 50/1999, S. 473-82.

Holzkamp, Klaus (1993), Lernen. Subjektwissenschaftliche Grundlegung. Frankfurt.

Kant, Immanuel (1787), Kritik der reinen Vernunft (B = 2. Aufl.). Akademieausgabe, Berlin 1904.

Khan, Irene (2009), The Unheard Truth. Poverty and Human Rights. London.

Knoblauch, Hubert (2003), Habitus und Habitualisierung. Zur Komplementarität Bourdieus mit dem Sozialkonstruktivismus. In: B. Rehbein/ G. Saalmann/ H. Schwengel (Hrsg.) 2003, Pierre Bourdieus Theorie des Sozialen. Konstanz, S. 187-201.

Korte, Hermann/ Bernhard Schäfers (Hrsg.) 2003, Einführung in die Hauptbegriffe der Soziologie. Wiesbaden.

Krause, Detlef (2005), Luhmann-Lexikon. Stuttgart.

Luckmann, Thomas (1973), Philosophie, Sozialwissenschaft und Alltagsleben. In: *Soziale Welt* 24/1973, S. 137-68.

Malinowski, Bronislaw (1944), Eine wissenschaftliche Theorie der Kultur. In: Malinowski, eine wissenschaftliche Theorie der Kultur. Frankfurt 1975, S. 45-172.

Marx, Karl/ Friedrich Engels (1848), Manifest der Kommunistischen Partei. In: Marx-Engels-Werke, Bd. 4. Berlin (Ost), S. 459-93.

Matthes, Joachim (1985), Die Soziologen und ihre Wirklichkeit. In: W. Bonß/ H. Hartmann (Hrsg.), Entzauberte Wissenschaft. Zur Relativität und Geltung soziologischer Forschung. Göttingen 1985, S. 49-64.

Mayer, J. P. (1955), Alexis de Tocqueville. Prophet des Massenzeitalters. Stuttgart.

Mees, Ulrich (1999), Sprache, Gefühle und Handlungen. In: J. Straub/ H. Werbik (Hrsg.) 1999, Handlungstheorie. Begriffe und

Erklärungen des Handelns im interdisziplinären Diskurs. Frankfurt, S. 287-317.

Merton, Robert M. (1936), The Unanticipated Consequences of Purposive Social Action. In: *American Sociological Review* 1/1936, S. 894-904.

Morel, Julius et al., Soziologische Theorie. Abriss der Ansätze ihrer Hauptvertreter. München 1997.

Ortega y Gasset, José (1959), Meditationen über "Don Quijote". Stuttgart.

Popitz, Heinrich (1980), Die normative Konstruktion von Gesellschaft. Tübingen.

Parsons, Talcott (1951), The Social System. London.

Parsons, Talcott (1953), Some Comments on the State of the General Theory of Action. In: *American Sociological Review* 18/1953, S. 618-31.

Radtke, Frank-Olaf (1985), Hermeneutik und soziologische Forschung. In: W. Bonß/ H. Hartmann (Hrsg.), Entzauberte Wissenschaft. Zur Relativität und Geltung soziologischer Forschung. Göttingen 1985, S. 321-49.

Rehbein, Boike/ Gernot Saalmann (2009), Habitus. In: G. Fröhlich/ B. Rehbein (Hrsg.) 2009, Bourdieu Handbuch. Leben – Werk – Wirkung. Stuttgart, S. 110-18.

Ritsert, Jürgen (2000), Gesellschaft. Ein unergründlicher Grundbegriff der Soziologie. Frankfurt.

Rossi, Ino (1983), From the Sociology of Symbols to the Sociology of Signs. Toward a Dialectical Sociology. New York.

Saalmann, Gernot (2005), Fremdes Verstehen. Das Problem des Fremdverstehens vom Standpunkt einer »metadisziplinären« Kulturanthropologie. Aachen.

Saalmann, Gernot (2007a, b), Arguments Opposing the Radicalism of Radical Constructivism; Author's Response. In: *Constructivist Foundations* (1) 3/2007, S. 1-6, 16-20. Internetjournal: www.univie.ac.at/constructivism/journal.

Saalmann, Gernot (2008), Der Begriff 'modern' und seine Analyse-kraft.

Im Netz unter: www.freidok.uni-freiburg.de/volltexte/8118.

Saalmann, Gernot (2009a), Praxis. In: G. Fröhlich/ B. Rehbein (Hrsg.) 2009, Bourdieu Handbuch. Leben – Werk – Wirkung. Stuttgart, S. 199-203.

Saalmann, Gernot (2009b), Maschine, Organismus, System. Drei Leitvorstellungen vom Menschen.

Im Netz unter: www.freidok.uni-freiburg.de/volltexte/

Saalmann, Gernot (2012), Wie kreativ kann der homo habitualis bei Bourdieu sein? In: U. Göttlich/ R. Kurt (Hrsg.) 2012, Kreativität und Improvisation. Soziologische Positionen. Wiesbaden, S. 99-108.

Saalmann, Gernot (2013), Zur Aktualität von Clifford Geertz. Einleitung in sein Werk. Wiesbaden.

Schimank, Uwe (2007), Ökologische Gefährdungen, Anspruchsinflationen und Exklusionsverkettungen – Niklas Luhmanns Beobachtungen der Folgeprobleme funktionaler Differenzierung. In: U. Schimank/ U. Volkmann (Hrsg.), Soziologische Gegenwartsdiagnosen (Bd. 1). Wiesbaden 2007, S. 125-42.

Schopenhauer, Arthur (1851), Aphorismen zur Lebensweisheit. In: Parerga und Paralipomena I. Werke IV, Zürich 1988, S. 311-483.

Schubert, Hans-Joachim (2010), Das verstehend-erklärende Primat der Theorie kreativen Handelns im Kanon soziologischer Handlungstheorien. In: H-G. Soeffner (Hrsg.), Unsichere Zeiten. Herausforderungen gesellschaftlicher Transformationen. Frankfurt 2010 (auf der beigelegten CD-ROM).

Schütz, Alfred/ Talcott Parsons (1977), Zur Theorie sozialen Handelns. Frankfurt.

Simmel, Georg (1907), Soziologie der Über- und Unterordnung. GA Bd. 8, Frankfurt, S. 180-227.

Simmel, Georg (1908a), Soziologie. Untersuchungen über die Formen der Vergesellschaftung. GA Bd. 11.

Simmel, Georg (1908b), Beitrag zur Enquête: Die Zukunft der Soziologie. GA Bd. 17, S. 70-72.

Simmel, Georg (1911), Soziologie der Geselligkeit. GA Bd. 12, S. 177-93.

Steinert, Heinz (Hrsg.) 1973, Symbolische Interaktion. Arbeiten zu einer reflexiven Soziologie (Reader). Stuttgart.

Stevenson, Leslie/ David L. Haberman (2008), Zehn Theorien zur Natur des Menschen. Stuttgart.

Tocqueville, Alexis de (1835), Über die Demokratie in Amerika. Frankfurt 1956.

Twain, Mark (2011), Tagebuch von Adam und Eva. Köln. Auch in: Twain, Tot oder lebendig. Frankfurt 1960, 113-39.

Weber, Max (1913), Über einige Kategorien der verstehenden Soziologie. In: Weber, Soziologie, Universalgeschichtliche Analysen, Politik (hrsg. von J. Winckelmann). Stuttgart 1973, S. 97-150.

Weber, Max (1922), Wirtschaft und Gesellschaft. Tübingen 1972.

Weise, Peter (1989), Homo oeconomicus und homo sociologicus. Die Schreckensmänner der Sozialwissenschaften. In: *Zeitschrift für Soziologie* 18/1989, S. 148-61.

Wrong, Dennis H. (1961), The Oversocialized Conception of Man in Modern Sociology. In: *American Sociological Review* 26/1961, S. 183-93. Dt. in: Steinert (Hrsg.) 1973, S. 227-42.

Literaturempfehlungen

Zum Entstehungskontext der Soziologie

Reinhart Koselleck, Kritik und Krise. Freiburg 1959.
  (Beschreibt die Entstehung der Welt der Aufklärung)
Wolf Lepenies, Die drei Kulturen. Soziologie zwischen Literatur
  und Wissenschaft (1985). Frankfurt 2002.
  (Behandelt die Frühzeit der Soziologie)
Nikolas Sombart/ Alfred Weber, Einige entscheidende Theoreti-
  ker. In: Weber (Hrsg.), Einführung in die Soziologie (1955).
  Marburg 1997, S. 76-129.
  (Zu Comte, Spencer und Durkheim)
Robert Nisbet, History of the Idea of Progress. New York 1980.
  (Zeigt christliche Wurzeln der Fortschrittsidee auf)
Evelyn Gröbl-Steinbach, Fortschrittsidee und rationale Weltgestal-
  tung. Frankfurt 1994.
  (Diskutiert besonders Weber und seine Vorgänger)
Raymond Aron, Die industrielle Gesellschaft (1955). Frankfurt
  1964.
  (Bes. die Einführung zu den Klassikern der Soziologie, S. 9-68)
David S. Landes, Der entfesselte Prometheus. Technologischer
  Wandel und industrielle Entwicklung in Westeuropa von 1730
  bis zur Gegenwart (1969). Köln 1973.

Einführungen und Gesamtdarstellungen

a. Übersichten
Hermann Korte, Einführung in die Geschichte der Soziologie.
  Opladen 1992 und spätere Auflagen.
  (Leicht verständlich wird das Wichtigste beschrieben)

Julius Morel et al., Soziologische Theorie. Abriss der Ansätze ihrer Hauptvertreter. München 1997 und spätere Auflagen.
(Anspruch wird gut eingelöst)
Heinz-Günther Vester, Kompendium der Soziologie, Bd. 2: Die Klassiker;
Bd. 3: Neuere soziologische Theorien. Wiesbaden 2009/10.
(Referiert wesentliche Aussagen)
Gernot Saalmann, Classical Sociological Theories. Pune 2011.
(Knappe 45 Seiten; im Netz: www. freidok.ub-freiburg.de/ volltexte/7907)
Heinz Abels, Interaktion, Identität, Präsentation. Kleine Einführung in interpretative Theorien der Soziologie (1997). Wiesbaden 2004.
(Behandelt Mead, Blumer, Schütz, Berger/Luckmann, Garfinkel, Goffman)

b. Persönliche Sichtweisen
Peter L. Berger, Einladung zur Soziologie (1965). München 1977; Neuausgabe Konstanz 2011.
(Unterscheidet drei Perspektiven: Mensch in der Gesellschaft, Gesellschaft im Menschen, Gesellschaft als Drama)
Peter L. Berger/ Hansfried Kellner, Für eine neue Soziologie. Ein Essay über Methode und Profession (1981). Frankfurt 1984.
(Beschreiben Soziologie gegen Positivismus und Utopismus mit Weber und Schütz als besondere *Sichtweise*, die auf Verstehen aus ist. Zur an Weber orientierten *Vorgehensweise* s. S. 39-54)
Robert Nisbet, The Sociological Tradition. London 1967.
(Sieht als zentrale Themen: Community – society, authority – power, status – class, sacred – secular, alienation – progress)
Raymond Boudon, Die Logik des gesellschaftlichen Handelns. Eine Einführung in die soziologische Arbeitsweise (1978). Darmstadt 1980.

(Versucht der Autonomie der Agenten wie den Zwängen der Strukturen gerecht zu werden)

Randall Collins, Four Sociological Traditions. New York 1994.

(Urspünglich 1985 nur drei, sieht er nun vier Grundthemen: Konflikt (Marx), Ordnung (Durkheim), Rationalität (Weber), Interaktion (Mead, Blumer, Garfinkel, Goffman)

Zygmunt Bauman, Vom Nutzen der Soziologie (1990). Frankfurt 2000.

(Gut lesbar)

Martin Hollis, Soziales Handeln. Eine Einführung in die Philosophie der Sozialwissenschaften (1994). Berlin 1995.

(Holismus vs. Individualismus)

Hartmut Esser, Soziologie. Allgemeine Grundlagen. Frankfurt 1993.

(Beschreibt Grundanforderungen an eine Theorie und entwickelt seinen Ansatz als Fortführung von Max Weber)

Richard Münch, Soziologische Theorie (3 Bde.). Frankfurt 2002-4.

(Anspruchsvoll, vertritt eine eigene Version der Systemtheorie)

Oliver Dimbath, Einführung in die Soziologie. München 2011.

(Behandelt zentrale Begriffe und dabei die wichtigsten Theorien)

Martin Endreß, Soziologische Theorie kompakt. München 2011.

(Zusammenfassung wichtiger Theorien und komparative Übersicht)

Gerhard Wagner, Die Wissenschaftstheorie der Soziologie. M 2012.

(Handlungen, Beziehungen, Strukturen)

c. Mit einem besonderen Konzept

Hubert Knoblauch, Wissenssoziologie. Konstanz 2005.

(Gibt auf ein spezielles Thema beschränkt auch gute Darstellungen der Klassiker im Teil I)

Armin Pongs, In welcher Gesellschaft leben wir eigentlich? München 1999.

(In leicht lesbarer Interviewform werden neuere Gesellschaftsdiagnosen vorgestellt, bes. wichtig Beck, Bell, Nassehi, Schulze)

Heiner Meulemann, Soziologie von Anfang an (2001). Wiesbaden 2006.

(Handlungstheoretische Grundlage)

Hartmut Rosa/ David Strecker/ Andrea Kottmann, Soziologische Theorie. Konstanz 2007.

(Anschaul. Darstellung, orientiert am Paradigma der Modernisierung)

Heinz Abels, Einführung in die Soziologie: Bd. 1: Der Blick auf die Gesellschaft; Bd. 2: Die Individuen in ihrer Gesellschaft. Wiesbaden 2007 (3. Aufl.)

(Behandelt Kernthemen der Soziologie und stellt dabei die Sicht der Theoretiker vor)

Manfred Corsten, Grundfragen der Soziologie. Konstanz 2011.

(Stellt vier Sprachspiele, fünf Grundbegriffe und Probleme und vier Begriffspaare vor; neben das *objektivistische, individualistische* und *formale* Sprachspiel stellt Corsten das *genetische*. Sein Vertreter Karl Mannheim war allerdings stark beeinflusst von Simmel und er hat auch die Bezeichnung *Relationismus* benutzt (S. 62). Die Frage nach der Entstehung ist nicht genuin soziologisch und so kann sie auch im Zusammenhang mit jeder der drei Perspektiven gestellt werden)

Nachschlagewerke

R. Boudon/ F. Bourricaud, Soziologische Stichworte. Opladen 1992.

(Nützlich und anregend zu lesen)

Ulrich Bröckling/ Susanne Krasmann/ Thomas Lemke (Hrsg.), Glossar der Gegenwart. Frankfurt 2004.

(Zeigt das zeitdiagnostische Potenzial der Soziologie)

Jürgen P. Rinderspacher/ Irmgard Herrmann-Stojanov, Schöne Zeiten. 45 Betrachtungen über den Umgang mit der Zeit. Bonn 2006.

(Bietet ebenfalls interessante Zeitdiagnosen)

Mike Featherstone et al. (Eds.), Problematizing Global Knowledge. London 2006.

(Sonderheft von *Theory, Culture & Society* 23/2006; Unter den Titeln "Metaconcepts", "Metanarratives" und "Sites and Institutions" wird das Wissen zur Analyse der globalen Moderne vorgestellt und diskutiert)

Dirk Kaesler/ Ludgera Vogt (Hrsg.), Hauptwerke der Soziologie. Stuttgart 2007 (2. Aufl.).

(Alphabetisch nach den Autoren geordnete Kurzdarstellungen)

Dirk Kaesler (Hrsg.), Aktuelle Theorien der Soziologie. München 2005.

(Bes. zu Bauman, Foucault, Luckmann, Esser, Beck, Netzwerkanalyse)

Herbert Willems (Hrsg.), Lehr(er)buch Soziologie. Für die pädagogischen und soziologischen Studiengänge (2 Bde.). Wiesbaden 2008.

(Die Aufsätze behandeln die zentralen Themen und verweisen auf wichtige Theorien)

Georg Kneer/ Michael Schroer (Hrsg.), Soziologische Theorien. Ein Handbuch. Wiesbaden 2008.

(Darstellung einer Vielzahl von Theorien)

Klassiker

Andre Jardin, Alexis de Tocqueville. Leben und Werk (1984). Frankfurt 2005.

Marx und Kritische Theorie
Marx/Engels Werke im Netz: www.mlwerke.de/me
Robert Kurz (Hrsg.), Marx lesen: die wichtigsten Texte von Karl Marx für das 21. Jahrhundert (2000). Frankfurt 2006.
Michael Berger, Karl Marx. Paderborn 2008.
Max Horkheimer, Marx heute (1968); Kritische Theorie gestern und heute (1970). In: Horkheimer, Gesellschaft im Übergang. Frankfurt 1981, S. 152-61; 162-75.
Axel Honneth/ Institut für Sozialtheorie (Hrsg.), Schlüsseltexte der Kritischen Theorie. Wiesbaden 2006 (zu Habermas 168-209).

Émile Durkheim
Durkheim, Der Individualismus und die Intellektuellen (1900). In: H. Bertram (Hrsg.), Gesellschaftlicher Zwang und Autonomie. Frankfurt 1986, S. 54-70.
Durkheim/ M. Mauss, Über einige primitive Formen von Klassifikation (1903). In: Durkheim, Schriften zur Soziologie der Erkenntnis. Frankfurt 1987, S. 169-256.
Durkheim, Der Dualismus der menschlichen Natur und seine sozialen Bedingungen (1914). In: F. Jonas, Geschichte der Soziologie (Bd. 3). Reinbek 1967, S. 178-90.
Marcel Mauss, Die Gabe (1925). In: Mauss, Soziologie und Anthropologie (1950, Bd. 2). Frankfurt 1989, S. 9-144.
Steven Lukes, Émile Durkheim. His Life and Work. London 1973.
Daniel Šuber, Émile Durkheim. Konstanz 2011.

Max Weber

Weber, Die Protestantische Ethik und der Geist des Kapitalismus (1905). In: Weber, Gesammelte Aufsätze zur Religionssoziologie (Bd. 1, 1920). Tübingen 1972, S. 17-206.

Reinhard Bendix, Max Weber. An Intellectual Portrait. London 1960.

Dirk Käsler, Max Weber. Eine Einführung in Leben, Werk und Wirkung. Frankfurt 1995.

Georg Simmel

Simmel, Die Gesellschaft zu zweien (1908). GA 8, Frankfurt, S. 348-54.

Simmel, Soziologie (1908). GA 11, Kap. 1: Das Problem der Soziologie, mit Exkurs über das Problem: Wie ist Gesellschaft möglich. S. 13-62. Kap. 7: Der Arme, S. 512-55. In Kap. 9: Exkurs über den Fremden, S. 764-71.

Simmel im Netz: http:/socio.ch/sim

Berthold Dietz, Soziologie der Armut. Eine Einführung. Frankfurt 1997.

Y. Michal Bodemann, Von Berlin über Chicago und weiter. Georg Simmel und die Reise seines "Fremden". In: *Berliner Journal für Soziologie* 8/1998, S. 125-42.

Zygmunt Bauman, Wir und "Die-da"; Fremde. In: Bauman, Vom Nutzen der Soziologie (1990). Frankfurt 2000, S. 56-78, 79-101.

Bauman, Flaneure, Spieler und Touristen. Essays zu postmodernen Lebensformen (1995). Hamburg 1997, S. 76-111, 136-69, 205-25.

Gernot Saalmann, Simmels Bestimmung des Fremden im Exkurs von 1908. Seit Februar 2008 auf "Simmel Online": http:/socio.ch/sim/on_simmcl/t_saalmann.pdf

Armin Nassehi, Fremdheit. Warum Distanz für unser Zusammenleben eine entscheidende Ressource ist. In: Nassehi, Mit dem Taxi durch die Gesellschaft. Soziologische Storys. Hamburg 2010, S. 41-59.

Matthias Junge, Georg Simmel kompakt. Bielefeld 2009.

Neuere Theoretiker

Objektivismus

Verhaltenstheorie
Burrhus F. Skinner, Wissenschaft und menschliches Verhalten (1953). München 1973.
George C. Homans, Grundfragen soziologischer Theorie. Opladen 1972.
Homans, Social Behavior as Exchange. In: *American Journal of Sociology* 63/1958, pp. 597-606. Dt. in: H. Hartmann (Hrsg.), Moderne amerikanische Soziologie. Stuttgart 1967, S. 173-85.

Strukturalismus
Claude Lévi-Strauss, Das wilde Denken (1962). Frankfurt 1968.
Lévi-Strauss, Mythos und Bedeutung. Vorträge. Frankfurt 1980. Darin: "Primitives" und "zivilisiertes" Denken (1977); Das wilde Denken (Gespräch 1963), S. 27-37, 71-112.

Struktur-Funktionalismus und Systemtheorie
Talcott Parsons, An Outline of the Social System. In: Parsons et al. (Ed.), Theories of the Society (Reader 1961). New York 1965, S. 30-79.

Niklas Luhmann, Soziologische Aufklärung, Bd. 1 (1970). Wiesbaden 2005. Darin: Soziologie als Theorie sozialer Systeme (1967), S. 143-72; Gesellschaft (1970), S. 173-93.
Luhmann, Soziologische Aufklärung Bd. 6 (1995). Wiesbaden 2005. Darin: Wie ist Bewusstsein an Kommunikation beteiligt? (1988), S. 38-54; Intersubjektivität oder Kommunikation. Unterschiedliche Ausgangspunkte soziologischer Theoriebildung (1986), S. 162-79; Die Soziologie und der Mensch (1985), S. 252-61.

Luhmann, Einführung in die Systemtheorie (Vorlesung 1991/92 hrsg. von D. Baecker). Heidelberg 2002.

Detlef Krause, Luhmann Lexikon. Stuttgart 2005. (mit einer guten Einführung S. 1-118).

Uwe Schimank, Ökologische Gefährdungen, Anspruchsinflationen und Exklusionsverkettungen – Niklas Luhmanns Beobachtungen der Folgeprobleme funktionaler Differenzierung. In: U. Schimank/ U. Volkmann (Hrsg.), Soziologische Gegenwartsdiagnosen (Bd. 1). Wiesbaden 2007, S. 125-42.

Subjektivismus

Richard A. Hilbert, The Classical Roots of Ethnomethodology. Durkheim, Weber and Garfinkel. Chapel Hill 1992, bes. Kapitel 1 und 10.

Jörg Strübing/ Bernt Schnettler (Hrsg.), Methodologie interpretativer Sozialforschung. Klassische Grundlagentexte. Konstanz 2004. (Schütz S. 155-97; Blumer S. 319-85; Strauss 427-51.)

Peter L. Berger/ Thomas Luckmann, Die soziale Konstruktion der Wirklichkeit (1966). Frankfurt 1969.

Jürgen Habermas

Theorie des kommunikativen Handelns. (Bd. 1, 1981). Frankfurt 1995, bes. S. 13-50, 126-51.

Handlungen, Sprechakte, sprachlich vermittelte Interaktionen und Lebenswelt. In: Habermas, Nachmetaphysisches Denken. Frankfurt 1988, S. 63-104.

Rational Choice

James S. Coleman, Sozialtheorie, Sozialforschung und eine Handlungstheorie (1986). In: H-P. Müller/ S. Sigmund (Hrsg.), Zeitgenössische amerikanische Soziologie. Opladen 2000, S. 55-83.

Hartmut Esser, Soziologie. Allgemeine Grundlagen. Frankfurt 1993.

Gary S. Becker, Der ökonomische Ansatz zur Erklärung menschlichen Verhaltens (1976). Tübingen 1982.

Korrigierend: Mark Granovetter, Ökonomisches Handeln und soziale Struktur: Das Problem der Einbettung (1985). In: Müller/Sigmund (Hrsg.) 2000, S. 175-207.

Norman Braun/ Thomas Gautschi, Rational-Choice-Theorie. Weinheim 2011.

Relationismus

Erving Goffman

Interaktionsrituale. Über Verhalten in direkter Kommunikation (1967). Frankfurt 1971.

Das Individuum im öffentlichen Austausch. Mikrostudien zur öffentlichen Ordnung (1971). Frankfurt 1982.

The Interaction Order. In: *American Sociological Review* 48/1983, pp. 1-17.

Norbert Elias

Die Gesellschaft der Individuen. Frankfurt 1987.

Was ist Soziologie? München 1970.

Pierre Bourdieu

Die feinen Unterschiede. Kritik der gesellschaftlichen Urteilskraft (1979). Frankfurt 1982.

Soziologische Fragen (1980). Frankfurt 1993.

Praktische Vernunft. Zur Theorie des Handelns (1994). Frankfurt 1998.

Gerhard Fröhlich/ Boike Rehbein (Hrsg.), Bourdieu-Handbuch. Leben – Werk – Wirkung. Stuttgart 2009.

Zu Schlüsselbegriffen der Theorien

Klaus Holzkamp, Lernen. Subjektwissenschaftliche Grundlegung. Frankfurt 1993.

Ralf Dahrendorf, Homo Sociologicus: Versuch zur Geschichte, Bedeutung und Kritik der Kategorie der sozialen Rolle (1958). In: Dahrendorf, Pfade aus Utopia. Zur Theorie und Methode der Soziologie (1967). München 1974.

Helmuth Plessner, Soziale Rolle und menschliche Natur (1960). In: Plessner, Gesammelte Schriften (Bd. 10). Frankfurt 1985, S. 227-40.

Plessner, Der Mensch im Spiel (1967). In: GS 8, Frankfurt 1983, S. 307-13.

Peter Furth, Soziale Rolle, Institution und Freiheit. In: H. Kerber/ A. Schmieder (Hrsg.), Soziologie. Arbeitsfelder, Theorien, Ausbildung. Ein Grundkurs. Reinbek 1991, S. 213-51.

George H. Mead, Die Genesis des sozialen Selbst und die soziale Kontrolle (1924). In: Mead, Philosophie der Sozialität. Frankfurt 1969, S. 69-101.

Mead, Das Problem der Gesellschaft – Wie der Mensch zum Ich wird (1936). In: Mead, Sozialpsychologie (1956). Neuwied 1969, S. 55-84.

Hans P. Bahrdt, Identität als Vollzug von Identifikationsleistungen. In: Bahrdt, Grundformen sozialer Situationen. Eine kleine Grammatik des Alltagslebens. München 1996, S. 142-229.

Helga Bilden, Das Individuum – ein dynamisches System vielfältiger Teilselbste. In: H. Keupp/ R. Höfer (Hrsg.), Identitätsarbeit heute. Frankfurt 1997, S. 227-49.

Heinz Abels/ Horst Stenger, Sozialisation und Interaktion: "Wie wir werden, was wir sind". In: Abels/Stenger, Gesellschaft lernen. Einführung in die Soziologie. Opladen 1986, S. 79-153.
Heinz Abels/ Alexandra König, Sozialisation. Wiesbaden 2010.
Markus Schroer, Das Individuum der Gesellschaft. Frankfurt 2000.
Ingeborg Weber-Kellermann, Die deutsche Familie. Versuch einer Sozialgeschichte. Frankfurt 1974.
Philippe Aries, Geschichte der Kindheit (1960). München 1978.
Helmut Schelsky, Jugend im Übergang zwischen zwei sozialen Horizonten. In: Schelsky, Die skeptische Generation. Düsseldorf 1957, S. 30-37.
Peter L. Berger/ Brigitte Berger, Jugend. In: Wir und die Gesellschaft. Eine Einführung in die Soziologie – entwickelt an der Alltagserfahrung. Reinbek 1976, S. 159-74.
Claus Offe, Arbeit als soziologische Schlüsselkategorie. In: J. Matthes (Hrsg.), Krise der Arbeitsgesellschaft? Frankfurt 1983, S. 38-65.
Klaus Dörre (Hrsg.), Kapitalismuskritik und Arbeit: neue Ansätze soziologischer Kritik. Frankfurt 2012.

Elemente sozialer Interaktion:
Georg Simmel, Exkurs: Treue und Dankbarkeit. In: Soziologie, GA 11, S. 652-70.
Helmuth Plessner, Das Lächeln (1950). GS 7, Frankfurt 1982, S. 419-34.
Axel Honneth/ Beate Rössler (Hrsg.), Von Person zu Person. Zur Moralität persönlicher Beziehungen. Frankfurt 2008, S. 53-207 zu Liebe und Freundschaft.
Axel Honneth, Freundschaft. In: Honneth, Das Recht der Freiheit. Grundriss einer demokratischen Sittlichkeit. Frankfurt 2011, S. 237-52.
Eva Illouz, Warum Liebe wehtut: eine soziologische Erklärung. Berlin 2011.

Axel Honneth, Das Ich im Wir. Anerkennung als Triebkraft von Gruppen (2003). In: Honneth, Das Ich im Wir. Studien zur Anerkennungstheorie. Frankfurt 2010, S. 261-79.

Ernest Gellner, Trust, Cohesion and the Social Order. In: D. Gambetta (Ed.), Trust. Making and Breaking of Cooperative Relations. New York 1988, S. 142-57.

Martin Hartmann/ Claus Offe (Hrsg.), Vertrauen. Die Grundlage des sozialen Zusammenhalts. Frankfurt 2001.

Norbert Elias, Über Wandlungen der Angriffslust. In: Elias, Über den Prozess der Zivilisation (Bd. 1, 1937). Frankfurt 1976, S. 263-83.

Elias Canetti, Gewalt und Macht. In: Canetti, Masse und Macht (1960). Frankfurt 1980, S. 313-15.

Heinrich Popitz, Prozesse der Machtbildung. Tübingen 1968.

Heinz Abels, Macht und Herrschaft. In: Abels, Einführung in die Soziologie, Bd. 1. Wiesbaden 2007, S. 239-64.

Jens Luedtke, Macht und Herrschaft. In: H. Willems (Hrsg.), Lehr(er)buch Soziologie. Wiesbaden 2008, S. 401-34.

Jörg R. Bergmann, Klatsch. Zur Sozialform der diskreten Indiskretion. Berlin 1987.

Sozialfiguren:

Howard S. Becker, Außenseiter. Zur Soziologie abweichenden Verhaltens (1963). Frankfurt 1973.

Robert Nisbet, Sociological Portraits (The Bourgeois, The Worker, The Bureaucrat, The Intellectual). In: Nisbet, Sociology as an Artform. London 1976, S. 68 – 93.

Nützlich zur Reflexion sozialer Arbeit:

Erving Goffman, Über die Merkmale totaler Institutionen. In: Goffman, Asyle. Über die soziale Situation psychiatrischer Patienten und anderer Insassen (1961). Frankfurt 1972, S. 13-123.

Rainer Paris, Warten auf Amtsfluren. In: *Kölner Zeitschrift für Soziologie und Sozialpsychologie* 53/2001, S. 705-33.
Dirk Koob, Loriot in der Badewanne. Oder: Warum man selbst in der Badewanne gelegentlich soziale Ordnung aushandeln muss. In: *Forum Qualitative Sozialforschung* (1) 8/2007. Internetjournal: www.qualitative-research.net
Gerhard Schulze, Die Erlebnisgesellschaft. Kultursoziologie der Gegenwart. Frankfurt 1992.
Michael Bommes/ Albert Scherr, Soziologie der Sozialen Arbeit: eine Einführung in Formen und Funktionen organisierter Hilfe. Weinheim 2012 (2. Aufl.).
Lothar Böhnisch/ Heide Funk, Soziologie – eine Einführung für die Soziale Arbeit. Weinheim 2012.

Über den Autor

Gernot Saalmann (geb. 1963) wurde 2001 promoviert und ist Dozent in Soziologie an der Albert-Ludwigs-Universität Freiburg und der Dualen Hochschule Baden-Württemberg. Zudem war er bereits mehrfach Visiting Professor an verschiedenen Universitäten in Indien.

Forschungsschwerpunkte: Soziologische Theorie (besonders Praxistheorie), Religionssoziologie, Interkulturalität und Verstehen, Kultursoziologie (insbesondere Musik und Film), Globalisierungsprozesse (Fokus: Indien).

Letzte Publikationen:

"Classical Sociological Theories" (48 Seiten). Occasional Papers, Department of Sociology, Pune 2011. Frei unter www.freidok.uni-freiburg.de/volltexte/7907.
"Klassiker als Pioniere" In: Soziologie (3) 41/2012, S. 311 – 16.
"Interkulturalität als Thema und Aufgabe in der Lehre". In: R. Bettmann/ M. Roslon (Hrsg.), Going the Distance. Berichte aus dem Dickicht der interkulturellen qualitativen Sozialforschung. Wiesbaden 2012 (im Druck), S. 287 – 304.
"Zur Aktualität von Clifford Geertz. Einleitung in sein Werk." Wiesbaden 2013 (im Erscheinen).

Mein Partner flirtet heftig im Job oder Freundeskreis. Was tun?

Prof. Dr. Ulrich Beer. **Eifersucht**

Schutzschild der Liebe

54 S., Bd. 3, ISBN 978-3-86226-077-5, € **5,80**

eBook: ISBN 978-3-86226-099-7, € **4,99**

- -

Wird ein Kind immer automatisch bevorzugt?

Prof. Dr. Ulrich Beer. **Geschwisterbeziehungen**

54 S., Bd. 6, ISBN 978-3-86226-085-0, € **5,80**

eBook: ISBN 978-3-86226-112-3, € **4,99**

- -

Das Kind scheitert an der Rechtschreibung. Wie helfen?

Prof. Dr. Burkhart Fischer. **Legasthenie**

Neurobiologische Ursachen finden. Lernerfolge ermöglichen.

56 S., Bd. 9, ISBN 978-3-86226-089-8, € **5,80**

eBook: ISBN 978-3-86226-104-8, € **4,99**

- -

Warum ist der Mensch aggressiv?

Erich Fromm. **Aggression**

Warum ist der Mensch destruktiv?

50 S., Bd. 23, ISBN 978-3-86226-175-8, € **5,80**

eBook: ISBN 978-3-86226-183-3, € **4,99**

- -

Führt eine autoritäre Charakterstruktur zum Rechtsextremismus?

Dr. Jens Benicke. **Autorität & Charakter**

54 S., Bd. 20, ISBN 978-3-86226-167-3, € **5,80**

eBook: ISBN 978-3-86226-180-2, € **4,99**

- -

Ich mag Pizza alla napoletana. Du auch?

Was sagt dies über uns aus?

Dr. Elke Regina Maurer. **Esskultur**

66 S., Bd. 13, ISBN 978-3-86226-128-4, € **5,80**

eBook: ISBN 978-3-86226-156-7, € **4,99**

- -

Leseproben, Informationen und weitere Titel unter

www.centaurus-verlag.de

Alle verschieden, alle gleich?

Prof. Dr. Albert Scherr. **Diskriminierung**

61 S., Bd. 14, ISBN 978-3-86226-129-1, € **5,80**
eBook: ISBN 978-3-86226-157-4, € **4,99**

- -

Wie werde ich eine freie und selbstbestimmte Person?

Prof. Dr. Heiner Keupp. **Freiheit & Selbstbestimmung**
In Lernprozessen ermöglichen

56 S., Bd. 15, ISBN 978-3-86226-130-7, € **5,80**
eBook: ISBN 978-3-86226-158-1, € **4,99**

- -

Jugendgewalt – ist Konfrontative Pädagogik eine Lösung?

Prof. Dr. Ahmet Toprak. **Konfrontative Pädagogik**
Intervention durch Konfronatation

56 S., Bd. 16, ISBN 978-3-86226-131-4, € **5,80**
eBook: ISBN 978-3-86226-159-8, € **4,99**

- -

Was hat Globalisierung mit Geschlechterverhältnissen zu tun?

Dr. Teherani-Kröner. **Gender & Globalisierung**
Im ländlichen Raum

ca. 50 S., Bd. 17, ISBN 978-3-86226-132-1, € **5,80**
eBook: ISBN 978-3-86226-160-4, € **4,99**

- -

Das Ich braucht das Wir. Wie helfe ich mir am besten?

Prof. Dr. Heiner Keupp. **Selbstsorge.** Zur Selbsthilfe befähigen

54 S., Bd. 18, ISBN 978-3-86226-133-8, € **5,80**
eBook: ISBN 978-3-86226-161-1, € **4,99**

- -

Welche Risiken ergeben sich aus einer
neuen grenzenlosen Freiheit?

Rainer Funk. **Entgrenzung des Menschen**

52 S., Bd. 22, ISBN 978-3-86226-174-1, € **5,80**
eBook: ISBN 978-3-86226-184-0, € **4,99**

- -

Leseproben, Informationen und weitere Titel unter
www.centaurus-verlag.de

Printed in the United States
By Bookmasters